Ergänzung zur Lehrerhandreichung Machs gut, Ethik (9075)
Für alle Bundesländer außer Sachsen, Sachsen-Anhalt und Thüring[e]

W0415832

Hinweis:
Vier Arbeitsblätter (in dem Arbeitsheft 1/2, 2077, Seiten 9, 15, 42 und 50) sind neu entwickelt. Die folgenden didaktisch-methodischen Kommentare beziehen sich auf diese neuen Arbeitsblätter. Für alle anderen Arbeitsblätter gelten die Kommentare in dieser Lehrerhandreichung.

S. 9 „Verwandlung"

Die Ambivalenz von Erfahrungen und Erscheinungen wahrzunehmen und vielleicht sogar als Bereicherung zu erfahren, fördert ethische Reflexion anstelle eines Schwarz-Weiß-Urteilens.

Einstieg:
L. erzählt oder trägt das Märchen vom „Rumpelstilzchen" (Gebr. Grimm) bis zu der Stelle vor, an der die Königin den Namen des Männleins in Erfahrung zu bringen versucht, um das Kind zu retten. Die Kinder beschreiben die Gefühle der Königin, ihr „Hin-und her-gerissen-Sein" (sie braucht die Hilfe des Männleins, hat aber nichts mehr zum Geben), die Hoffnung, dass das Männlein nicht wieder auftaucht oder vielleicht seine letzte Forderung abgewandelt hat, und die Sorge, ihr Kind zu verlieren.

Unterrichtsgespräch:
Gemeinsames Betrachten des Inhaltes und der Abfolge des Märchens und das Festhalten von Abschnitten an der Tafel oder auf einer vorbereiteten Folie.
TB
1. Teil
Müller prahlt, Tochter muss zum Goldspinnen
Tochter verzweifelt, kleines Männlein hilft beim Spinnen, bekommt Halskette
Männlein spinnt zweite Kammer voll, bekommt Ring
2. Teil
Männlein spinnt dritte Kammer voll, Tochter kann nichts mehr geben
Vorschlag des Männleins: „Gib mir dein erstes Kind."
3. Teil
Männlein kommt, um das Kind zu holen und gibt drei Tage Zeit, seinen Namen ausfindig zu machen.
Der richtige Name wird gefunden, die Müllerstochter darf ihr Kind behalten

Gruppenarbeit:
In Gruppen sollen die Kinder die Charaktereigenschaften des Männleins in den verschiedenen Teilen des Märchens zusammentragen und dann der Klasse vorstellen. Diese können neben den Teilen des Märchens an der Tafel festgehalten werden. In einer Zusammenfassung soll die Wandlung dieser Märchengestalt hervorgehoben werden. Wie wirkt Rumpelstilzchen auf den ersten Blick und was denkt es sich bei seinen Handlungen?

Unterrichtsgespräch:
Die Kinder betrachten die Arbeitsheftseite und sehen sich die dargestellte Maske genau an. „Wer könnte sich dahinter verstecken?" Die Maske soll Anlass sein, über eigene ähnliche Erfahrungen zu sprechen. Dabei sollte besonders auf die Begründung Wert gelegt werden. Warum setzt er/sie eine Maske auf? Warum zeigt er/sie sich nicht ohne Maske.

Einzelarbeit:
Aufforderung an die Kinder, die Maske mit Stiften oder Wasserfarben so umzuwandeln, dass ein fröhliches oder grimmiges Gesicht entsteht. Vielleicht sind einige Kinder auch in der Lage, die Figur, die sich hinter der Maske verbirgt, zu skizzieren.
Im Anschluss sollen die Kinder einen Namen oder eine Überschrift für ihre Maske finden.

Ergebnis:
Sch. zeigen ihre veränderten Masken und tragen ihre gefundenen Bildnamen vor. Sie haben dann vielleicht eine Erfahrung analog zur Lösung des Märchens gemacht, dessen Ende zum Schluss vorgetragen wird.

Fächerverbindende Bezüge: D / HS / KU

S.15 „Und das ist die ganze Familie"

Diese Seite soll die Kinder anregen darüber nachzudenken, wer zu ihrer Familie gehört. Schnell erkennen sie dabei, wie vielfältig Familiensituationen sind.

Einstieg:
Sch. schauen sich die zwei Familienbilder auf der Arbeitsheftseite an und sprechen über die jeweilige Familiensituation. Sie erkennen verschiedene Formen, kleine und große Familien.
L. liest anschließend das Gedicht vor und zeigt dabei Bilder von Menschen des entsprechenden Alters (Kinder, jüngere Erwachsene, ältere Erwachsene, alte Menschen). Bezug nehmend auf das linke Bild, kann wiederholt werden, welche der Personen im Gedicht angesprochen werden, welche Familienmitglieder wessen Kinder sind und welche angesprochenen Personen nicht auf dem Bild sind.

Unterrichtsgespräch:
Sch. werden im Gespräch zum Begriff Familie hingeführt. Sie berichten über ihre eigenen Familien und werden dabei feststellen, dass nicht alle Kinder in konventionellen Familien aufwachsen, sondern z. B. mit Mutter, mit Oma und Vater usw.

Die Frage: „Gehören Haustiere auch zur Familie?", kann mit den Kindern angeregt diskutiert werden.

Einzelarbeit:
Im unteren Teil der Arbeitsheftseite wird im Anschluss die eigene Familie gemalt und der Klasse vorgestellt. Als Hausaufgabe können Familienbilder dazu geklebt werden.

Weiterführung:
– Lied: „Ich hab, was ich zum Leben brauch" aus MC; CD: „Ich gebe dir die Hände"
(Rolf Krenzer / Ludger Edelkötter)

Fächerverbindende Bezüge: D / HS / KU / MU

S.42 „Weihnachten feiern"

Weihnachten gilt in christlichem Umfeld als das Fest der Liebe, das Fest des Lichtes, das Fest der Familie und das Fest des Friedens. In diesem bedeutenden Sinne und ganz eng verbunden mit der Geburt des Jesus von Nazareth wird das Weihnachtsfest als eines der zentralen christlichen Feste gefeiert. Volksbräuche und heidnische Traditionen haben die Gestaltung des Festes in vielfältiger Weise geprägt. In dieser Stunde sollten die bestehenden Bräuche und Traditionen mit dem religiösen Hintergrund – der Weihnachtsgeschichte – verbunden und regionale Bezüge hergestellt werden.

Einstieg:
Sitzen im Stuhlkreis. In der Mitte steht z. B. ein geschmückter Strauß mit Tannengrün oder anderer weihnachtlicher Schmuck. Singen des Weihnachtsliedes „Sind die Lichter angezündet" oder eines Liedes, das der regionalen und familiären Tradition und den Wünschen der Kinder und des Lehrers entspricht.
Im darauf folgenden Gespräch sollen die Kinder alles zusammentragen, was ihnen zu Weihnachten einfällt und welche Dinge wichtig sind. L. legt bei Benennung der Bräuche die vorbereiteten Symbol-Gegenstände oder Bilder rund um das Tannengrün. Dabei bringen sich die Sch. mit ihren Erfahrungen ein sowie der L. mit zusätzlichen Informationen über die Entstehung und Hintergründe einiger Bräuche.
Im Anschluss darf jedes Kind ein Teelicht anzünden und in den entstehenden Lichterkreis stellen. Um die Intentionen des Lichterkreises zu verstärken, wird leise Weihnachtsmusik im Hintergrund eingespielt. Danach wird die Bedeutung des Lichtes in der Weihnachtszeit geklärt, wobei die Kinder unweigerlich auf den Zusammenhang mit der nächtlichen Geburt Jesu treffen.

Unterrichtsgespräch:
Die Kinder schauen sich die Arbeitsheftseite an und äußern spontan, was sie auf der Seite entdecken. Dabei wird der Liedtext vorgelesen und nochmals Bezug auf den Teelichterkreis genommen. Mit der Einordnung der Sternenbilder in die Weihnachtsgeschichte wird diese wiederholt und gefestigt.

Einzelarbeit:
Die Kinder sollen die Sterne farblich gestalten und, wenn sie es wünschen, der Klasse vorstellen. Die Sterne können auch ausgeschnitten und auf farbiges Tonpapier geklebt werden und dann als Christbaum-, Tisch- oder Fensterschmuck verwendet werden. (Bitte die Bearbeitung der Rückseite beachten!)

Abschluss:
Zum Schluss wird die Frage auf der Arbeitsheftseite: „Kennt ihr auch große Feste anderer Religionen?" gestellt und besprochen. L. könnte z. B. verweisen auf Feste im Islam (wie das Zuckerfest und das Opferfest), im Judentum (wie Jom Kippur und Passafest) oder im Buddhismus (wie den Buddha-Tag) und diese erläutern. Vielleicht erzählen die Kinder auch noch von Erlebnissen, wie das Weihnachtsfest in anderen Ländern gefeiert wird.

Fächerverbindende Bezüge: D / HS / KU / MU

S.50 „Luft erleben"

Unmittelbarer noch als der Mangel von Wasser, führt der Mangel von Atemluft beim Menschen zu Todesangst. Der Anspruch auf reine Atemluft ist daher Bestandteil des Grundrechtes auf Unversehrtheit. Es dürfte zu den meistverletzten Grundrechten gehören, wobei sich kein Mitglied einer industrialisierten Gesellschaft von der Mitverantwortung ausschließen kann.

Vorbereitende Hausaufgaben:
Bringt einen Gegenstand oder ein Bild mit, etwas, das mit Luft zu tun hat.

Einstieg:
• Gemeinsames Wahrnehmen der eigenen Atembewegungen. Sch. können das Heben und Senken des Brustkorbes sehen und ihre Hände auf Brust und Rücken eines Mitschülers legen. Danach sollte ein erster Erfahrungsaustausch erfolgen.
• Gemeinsame Entspannungsübungen im Sitzkreis mit leiser Hintergrundmusik.
• Redensarten prüfen:

- Sie ist Luft für mich ...
- Es herrscht dicke Luft ...
- Ich gehe gleich in die Luft ...
- Etwas aus der Luft nehmen ...

Erweiterung:
Daraus entwickelt sich die schrittweise Erarbeitung der vier Bildstationen des Arbeitsblattes, mit denen einzelne Aspekte des Themas besonders hervorgehoben werden:

– Ohne Luft? Babys bewegen sich im Wasser, als sei es (noch) ihr ureigenstes Element. Auch Kinder und Erwachsene verspüren im Wasser eine Entlastung von Körpergewicht und Bodenhaftung. Dennoch birgt der Aufenthalt im Wasser Gefahren. Es ist nicht unser Lebenselement, denn wir sind nicht dafür ausgerüstet wie einzelne im Wasser lebende Säugetiere, viele davon Favoriten menschlicher Zuneigung.

– Frische Luft! Dicke Luft! Können mit Ergebnissen einer Schnupperwanderung oder vergleichbarer Erfahrungen ausgefüllt werden. Dabei sind voneinander abweichende Gestaltungen durchaus sinnvoll und gewollt. Es ist unter Umständen angebracht, den Kindern zu vermitteln, dass atemluftbelastende Verkehrsmittel nicht nur für andere Leute unterwegs sind.

– Luft weg ...? Hier können ebenfalls vielfältige Erfahrungen der Kinder einfließen, die durch die unterschiedlichen Herangehensweisen an dieses Thema geprägt sind. So z. B. Luft weg ...? beim Staunen über Etwas, beim Erschrecken, bei einem Kampf, beim Sport, bei heißer Luft, bei Krankheit und sogar Tod.

Abschluss:
In einem Sitzkreis stellen die Kinder ihre mitgebrachten Gegenstände und Bilder vor. Dabei wird bestimmt die Rolle der Luft bei Musikinstrumenten angesprochen werden. Mit Flaschen und der darin enthaltenen unterschiedlichen Menge an Wasser und Luft können die Kinder zum Abschluss versuchen, Töne und Melodien zu erzeugen.

Kommentare 3/4

ICH

Arbeitsheft Seite:		Kommentar Seite:

1 Ich bin ein Wunder 30
2 Aufpassen 31
3 Wie andere mich sehen 31
4 Ohne Fleiß kein Preis 32
5 Wunder des Alltags 33
6 Mondsplitter auf dem Dach 33
7 Träumen 34
9 Gaben und Aufgaben 35
10 Meine zweimal geplatzte Haut 35
11 Sich verstellen 36
12 Und wenn einer kommt 36
13 Ich wünsche mir so allerlei ... von andern .. 37
14 Andere wünschen sich so allerlei ... von mir 37
15 Das Rätsel von der Zeit 37
16 Das Lied des Fröschleins 38
17 Ich denke nach 39
18 Peters Großvater ist tot 39
19 Die Zeit erzählen 40
20 Was nun? 40
21 Eine schwere Entscheidung 41
22 Frau Holle 42

MITEINANDER

Arbeitsheft Seite:		Kommentar Seite:

23 Wen du brauchst 43
24 Die goldene Regel 43
25 Wenn wir zusammenstehen 44
26 Die Rechte der Kinder 44
27 Nur Mut! 45
28 Das alles zählt für uns 46
29 Zwei Euro – na und? 46
30 Mehr als Freundlichkeit 47
31 Sebastians Tagebuch 47
32 Der Wolf hat sich verschluckt 48
33 Immer ich? 49
34 Ein Weg zum Miteinander 49
35 In Streit geraten 50
36 Lisa 50
37 Manchmal wär ich gern der Papa 51
38 Ein Freund ist jemand, ... 51
39 Es ist wichtig, Freunde zu haben 52
40 Freundschaften können zerbrechen 52

HIER und ANDERSWO

Arbeitsheft Seite:		Kommentar Seite:

41 Ein Lichtlein 53
42 Weihnachten 53
43 Osterspaziergang 54
44 Die Kirche – auch ein Ort der Gemeinschaft 54
45 Die Kirche – auch ein Ort der Besinnung 55
46 Die Buchstaben des Alten und des Neuen Testaments 55
47 Die Zehn Gebote 56
48 Das jüdische Chanukka-Fest 57
49 Ein muslimischer Gebetsteppich 57
50 Eine islamische Weisheits-Geschichte 58
51 Jerusalem – Stadt dreier Weltreligionen 58
52 Der Ring des Volkes 59

Wir in der WELT

Arbeitsheft Seite:		Kommentar Seite:

53 Von Spinnen und Menschen 60
54 Gefunden 61
55 Baum-Geheimnisse 62
56 Ameisen krabbeln 62
57 Gerhard 62
58 Kinderwelt 63
59 Hingeschaut und entdeckt 63
60 Abendruh 64

L. – Lehrer...
Sch. – Schüler...
D – Deutsch
HS – Heimat- und Sachkunde (Thür.)
Heimat- und Sachunterricht (Sachsen-A.)
KU – Kunsterziehung
MA – Mathematik
MU – Musik
TB – Tafelbild

Moral und sinnliche Wahrnehmung, Ethik und Ästhetik, Normen (Gebote, Verbote, Gesetze, auch Bräuche usw.) und Erfahrungen liegen in unserer Selbst-Erfahrung nah beieinander. Dabei stoßen wir u. a. auf die Möglichkeiten und Grenzen unserer Körperlichkeit. Wir haben nicht einen Körper wie ein Objekt, eine Hülle, ein zweites Ich, sondern wir sind Körper und Leib. Wir erleben uns als wahrnehmende, als emotionale, denkende Wesen.
In dieser Selbst-Erfahrung, die wir schon immer sinnhaft deuten und mit ethischen, religiösen, ökonomischen, juristischen und vielen anderen Überlegungen gleichsam besetzen, stoßen wir auf andere Menschen, die uns vorgegeben sind, die uns aufziehen und mit uns leben, die uns tragen und etwas von uns möchten. Kinder erleben sich erst mit anderen in ihrer Einmaligkeit und Zeitlichkeit, als Wesen mit einer persönlichen Biografie.

S. 1 „Ich"

Möglicherweise fühlt sich manches Kind am Schulanfang in der verwirrenden Menge der anderen Kinder etwas *verloren*. Dann heben sein Gesicht und sein Name es als erkennbares und *ansprechbares Individuum* hervor.

Einstieg:
Sch. sitzen im Kreis. L. (womöglich mit Handpuppe) beginnt: „Ich bin (Herr/Frau ...") Dabei fügt er die rechte Hand deutlich zum Herzen und macht eine langsame Verbeugung. L. zum Nachbarn: „Und wer bist du?" Nachbar fährt mit gleichen Worten und Gesten fort. Die Vorstellung sollte bei entsprechender Konzentration bis zum letzten Kind fortgesetzt werden.

Wahrnehmungstraining:
L.: „Ich sehe ein Kind, das hat (kurze Haare) und (Sommersprossen)?". Das Kind, das den Namen des beschriebenen Kindes errät, darf ein anderes Kind beschreiben.

Arbeitsauftrag:
An der Tafel sind bereits die Elemente des Arbeitsblattes (Ich – Bilderrahmen – bin) angezeichnet. L. wiederholt langsam: „Ich bin (Herr/Frau ...)." Dabei deutet er auf die Wörter an der Tafel und skizziert sich (oder die Handpuppe) im Bilderrahmen und schreibt den Namen in die Wortleiste. Anschließend teilt er die Arbeitsblätter aus und läßt von Kindern den Arbeitsauftrag erklären.

Einzelarbeit:
Sch. arbeitet an seinem Arbeitsplatz. L. ermutigt die Klasse, Gesicht oder Ganzkörperbild *bunt auszumalen* („Oder bist du durchsichtig?"); er hilft eventuell auch beim Schreiben des Eigennamens.

Differenzierung:
Kinder, die früher fertig sind, können den Zierrahmen des Bildes ausmalen und noch erweitern.

Ergebnissicherung:
Sch. kehren mit den Arbeitsblättern in den Stuhlkreis zurück, lesen nacheinander ihr Blatt vor und zeigen es. Eine zusätzliche Funktion erhält die Arbeitsseite, wenn sie bis zur nächsten Stunde an eine Wand geheftet wird. Das Abnehmen der Bilder in der nächsten Stunde kann gleichzeitig als Wiederholung genutzt werden.

Weiterführung:
Spiel im Stuhlkreis mit einem freien Stuhl:
„Mein rechter, rechter Platz ist leer, ich wünsche mir (...) her." Das genannte Kind wechselt seinen Platz; das Kind links neben dem frei gewordenen Stuhl fährt mit dem Spiel fort.
Hier eignet sich als Vorlesegeschichte: U. Wölfel: „Tim will nicht mehr Tim sein". In: Diess.: Geschichtensammelsurium. München 1984, S. 49 ff.

Hausaufgabe:
Sch. könnten Zuhause nachfragen, warum die Eltern ihnen gerade diesen Namen gegeben haben.

Fächerverbindende Bezüge: D/KU/HS/Sport.

S. 2 „Pünktchen"

Mit dem auf der Arbeitsseite abgebildeten Spiel sollen die einzelnen *Körperteile* benannt und bewusst gemacht werden.

Einstieg:
Mit dem Tanz- und Singspiel „Brüderchen, komm, tanz mit mir" kann begonnen werden.

Übungen:
Beide Beine mit einem Tuch zusammenbinden und dann zu laufen versuchen; oder ohne Hände etwas von einem Teller wegessen.
Hand- und Finger-Geschicklichkeitsspiele: rechte Hand an linkes Ohr und linke Hand an die Nasenspitze; immer schneller hintereinander oder Daumen, Zeigefinger, Zeigefinger und Mittelfinger, Zeigefinger und kleiner Finger, geschlossene Faust auf Tischkante schlagen; Hände und Knie wechselweise überkreuzen.

Partnerarbeit:
- Jedes Kind erhält die Arbeitsheftseite 2; dazu bekommen immer zwei Kinder einen Würfel, sie bilden ein Paar und würfeln abwechselnd. Im

ersten Durchgang malen sie auf ihrem eigenen Blatt immer eines der Körperteile, dessen Punktzahl sie gewürfelt haben, vollständig bunt aus. Auch wenn mit einer Punktzahl kein Körperteil mehr angemalt werden kann, wechselt der Würfel zum Partner. Gewonnen hat, wer zuerst alle Körperteile angemalt hat. Für weitere Spiele werden Spielmarken, Knöpfe, Bonbons oder ähnliches zum Besetzen der Spielfelder benutzt.
- Ein Kind legt seine gespreizte Hand auf ein Papier, das andere Kind umfährt die Hand mit einem Bleistift. Dann wechseln die Partner die Aktivität. Nachher malen beide Kinder ihre Hand bunt aus und schneiden sie aus. Zum Schluss schreibt jedes Kind seinen Namen in die Hand. Alle Hände zusammen können zu einem Handkreis der Gruppe geklebt und als Zeichen der Gemeinschaft, die durch jeden Einzelnen gebildet wird, aufgehängt werden.

Fächerverbindende Bezüge: D/HS/KU/Sport.

S. 3 S. 4 „Körper-Puzzle"

Die *Wahrnehmung des eigenen Körpers* und der liebevolle oder achtlose Umgang mit seiner bildnerischen Darstellung sagen etwas über das Verhältnis des Kindes zum eigenen Ich und das Annehmen der eigenen Person. Freude beim Wiedererkennen einzelner Puzzleteile kann ebenso wie das experimentelle Eingliedern fremder Puzzlesteine in das eigene Körperbild das Selbstbild entwickeln helfen.

Einzelarbeit:
Die angedeuteten Körperteile Gesicht, Bauchnabel und Füße (S. 3) sollen den Kindern helfen, ihr eigenes Körperganzbild, wie sie es in der vorhergehenden Partnerarbeit entwickelt haben, möglichst großflächig in das Blatt einzumalen. Wichtig für das spätere Spiel ist, dass das gesamte Bild bunt angemalt ist (Buntstifte oder Wachsmalkreide), so dass man „kein weißes Papier mehr sieht". Zur Aufbewahrung der Puzzlesteine empfiehlt sich ein Briefumschlag, den man seinerseits mit der Öffnung nach vorne auf ein Blatt kleben und so zu den anderen Arbeitsblättern heften kann.

Partnerarbeit:
Herstellung eines Ganzkörperbildes: Ein Kind legt sich mit dem Rücken auf einen großen Bogen Papier (Tapetenrolle), ein anderes Kind malt die Umrisse des liegenden Kindes ab, danach wechseln die beiden Kinder. Anschließend malt jedes Kind, entsprechend seinem Aussehen und seiner Kleidung, seine eigene Figur (oder die des anderen) aus. Danach kann man entscheiden, ob die Figuren auch noch ausgeschnitten werden sollen. Zur Präsentation werden sie am besten an eine Wand geheftet.

Spielmöglichkeiten:
- Jedes Kind legt sein eigenes Puzzle.
- Zwei Kinder mischen ihre Puzzlesteine und bauen das eigene bzw. andere Puzzle wieder zusammen.
- Mehrere Kinder mischen ihre Puzzlesteine und bauen eigenes/anderes Puzzle wieder zusammen.
- Die Spieler vereinbaren, Köpfe und/oder Füße der Puzzles untereinander zu tauschen. Im Unterrichtsgespräch könnte die Erfahrung mit diesem Verfremdungseffekt gesondert thematisiert und das Selbstverständnis erneut reflektiert werden. Auch hier könnte die Geschichte von U. Wölfel: „Tim will nicht mehr Tim sein" (vgl. Arbeitsheftseite 1) eingesetzt werden.

Fächerverbindende Bezüge: D/HS/KU/Werken/Sport.

S. 5 „Das hässliche junge Entlein"

Sich Fremd- und Isoliertfühlen in der eigenen Umgebung ist ein typischer und wichtiger Schritt der Individuation. H. Chr. Andersens Märchen „Das hässliche junge Entlein" bietet den Kindern Bilder für diese Situation an und macht ihnen Mut, an ihrer Eigenart festzuhalten.

Einstieg:
L. liest oder erzählt das Märchen.

Einzel-/Partner-/Gruppenarbeit:
Sch. bestimmen die dem Märchen entsprechende Reihenfolge der Bilder auf der Arbeitsheftseite 5, indem sie die entsprechenden Ziffern von 2 bis 6 mit Bleistift (kann dann später korrigiert werden) in die Kreise schreiben.

Unterrichtsgespräch:
L. gibt folgenden Impuls: „Du kannst die Geschichte vom hässlichen jungen Entlein jetzt mit Hilfe deiner Bilder selbst erzählen." Mehrere Kinder, möglichst auch mit verschiedenen Lösungen, erzählen die Bildgeschichte. Zur Kontrolle kann L. die Zahlen in die einzelnen Bilder an der Tafel schreiben.

Rollenspiel:
Zur Vorbereitung sollte in einem Unterrichtsgespräch das Bild Nr. 1 gemeinsam betrachtet werden: „Ob sich das Entlein wohl fühlt, wenn seine Mutter und seine Geschwister immer von ihm wegzuschwimmen versuchen?" Hierbei kommt es besonders darauf an, den Kindern das Gefühl vom Anders-Sein und vom Sich- (dadurch) minderwertig-Fühlen zu vermitteln. Bei der Betrachtung des Bildes Nr. 5 wird dieses Gefühl noch gesteigert. Diese Szene sollen drei Sch. in einem kleinen Rollenspiel darstellen. Um den Kindern zu helfen, sollte man sie bitten, zu überlegen, was wohl jedes Tier von sich selber denkt. Ziel des Spielens und der Betrachtung dieser Szene soll die

Einsicht sein, dass das Entlein gar nicht so werden kann, wie es Katze und Huhn nahelegen, und es deshalb auch gar nicht versuchen sollte.

Abschlussgespräch:
Hier sollte man mit den Sch. Eigenschaften und Fähigkeiten, die das Entlein besitzt, sammeln und/oder aufschreiben. Rückverweis auf Arbeitsblätter Seiten 1 und 2.

Erweiterung:
Mit Genuss werden die Sch. natürlich die letzte Szene der Bildgeschichte, die Spiegelung des ausgewachsenen Schwans im Wasser, nachspielen wollen. Zur Pointierung empfiehlt sich hier ebenfalls eine Begegnung des jungen Schwans mit Katze und Huhn. „Worüber werden sie sich wohl unterhalten?" Dabei könnte man beobachten, wie weit es einzelnen Kindern um eine Dominanz der eigenen Person oder um eine Gleichberechtigung zu tun ist.

Fächerverbindende Bezüge: D/HS.

S. 6 „Ein Wunder"

Durch den Vergleich von Daumenabdrücken können die Sch. angeregt werden, über die unendliche *Vielfalt der Individualität* zu staunen. Dies ist eine Voraussetzung für das Erkennen der eigenen Einmaligkeit und zur Akzeptanz des Anderen.

Einstieg:
Als stummer Impuls wird das Arbeitsblatt ausgeteilt. Die daran anschließende Frage, ob die abgebildeten Abdrücke zu einem oder zwei Menschen gehören, provoziert die Kinder zu genauerem Hinschauen und eventuellem Vergleichen ihrer Daumen.

Einzelarbeit:
Um die Frage zu entscheiden, soll jeder Sch. seinen Daumen mit Hilfe eines Stempelkissens in das große mittlere Feld drucken. In den freien Kästchen können die Abdrücke anderer Sch. gesammelt werden oder als Hausaufgabe für Familienmitglieder reserviert werden. Zur Bekräftigung der eigenen Einzigartigkeit wird auf den markierten Strich aus dem „ein Daumen" durch Hinzufügen eines „m" „mein Daumen".

Differenzierung:
Zu den Daumenabdrücken kann der Name der jeweiligen Person gesetzt werden.

Vertiefung:
L. sollte zum Abschluss erzählen, dass jeder Mensch auf der ganzen Welt einen eigenen Daumenabdruck hat, nicht nur jeder Mensch zum gegenwärtigen Zeitpunkt, sondern jeder Mensch in Vergangenheit und Zukunft.

Fächerverbindende Bezüge: D/HS/KU.

S. 7 „Ich kann immer mehr"

Indem die Sch. vom Erwerb wichtiger Fertigkeiten während der eigenen *Entwicklungsgeschichte* erzählen, werden sie selbstbewusst feststellen, „wie groß" sie schon sind und Vertrauen in ihre eigene Entwicklung haben. Die Arbeitsheftseite soll eine individuell variable Entwicklungs- und keine Leistungsspirale darstellen. Sie bietet sich auch an, um Zeit als Ermöglichung von Veränderung und Erfüllung von Wünschen zu thematisieren.

Einstieg:
Lied: „Wir werden immer größer" (Volker Ludwig/Birger Heymann; in: Das Gripsliederbuch. München 1978). Das Lied kann gestisch und tänzerisch dargestellt und ab und zu als Stundeneröffnung oder Stundenabschluss gespielt werden.
An der Tafel ist eine Sprechblase: „Das kann ja jedes Baby!" Die spontanen Äußerungen der Kinder werden als einzelne, kurze Sätze an der Tafel protokolliert. Anschließend ordnen die Sch. die Sätze zu einer sinnvollen Entwicklungsfolge. Vielleicht wird dabei schon durch strittige Punkte deutlich, dass es keine eindeutige Entwicklungslinie gibt. Die Erkenntnis, dass jeder sich durch seine Entwicklung vom anderen unterscheidet, bedeutet ein tieferes Verständnis für Stärken und Schwächen und kommt dem Umgang mit eigenen und fremden Behinderungen entgegen.

Arbeitsauftrag:
Die Sch. erhalten die acht Bilder. Bevor sie alle Bilder ausschneiden und auf das Arbeitsblatt kleben, ist es sinnvoll, kurz die dargestellten Fertigkeiten mit den Kindern zu erörtern.

Auswertung:
Einzelne Kinder erzählen von ihrer Entwicklung. Dabei kann eine Diskussion um die verschiedenartige Entwicklungsfolge entstehen.
Hier können die Sch. auch von ihren besonderen Fähigkeiten erzählen. Schließlich wird sich an der Aufgabe, welche Fertigkeiten jedes Kind als nächste erwerben möchte, der Prozess der Individualisierung deutlich machen lassen. So könnte am Schluss als Ergebnis der Arbeit ein Plakat in der Klasse aufgehängt werden unter dem Thema: „Jeder kann etwas!"

Hausaufgabe:
Jedes Kind schreibt auf einen vorbereiteten Satzstreifen: „... kann besonders gut ...". Der Satzstreifen sollte so großzügig bemessen sein, dass das Kind dazu noch etwas malen kann. Zu Beginn der nächsten Stunden werden die Satzstreifen auf ein Plakat untereinander geklebt.

Fächerverbindende Bezüge: D/HS/KU/MU/Sport.

S. 8 „Gefühle ausdrücken"

Im Ethik-Unterricht geht es unter anderem darum, das ständige *Entstehen* und *Vergehen* unseres Ichs und die damit verbundenen Gefühle wahrzunehmen. Wer bin ich in und mit meinen Gefühlen? Welche *Gefühle* möchte ich zeigen, weil sie mir gut tun und weil sie anderen helfen? Welche Gefühle möchte ich verbergen, weil sie mir schwerfallen und weil sie Konflikte mit anderen bringen? Inwieweit bin ich überhaupt bereit und fähig, meine Gefühle und die Gefühle anderer wahrzunehmen? So etwas wie eine „Gefühle-Wahrnehmung"/„Gefühle-Darstellung" könnte gemeinsam geübt werden.

Einstieg:
L. stellt pantomimisch ein deutliches Gefühl wie Wut dar; die Kinder erraten das Gefühl. Nun flüstert L. einem Kind ins Ohr, welches Gefühl er dargestellt hat. Dies kann nach der Motivationslage der Kinder fortgesetzt oder später wieder aufgegriffen werden.

Übungen:
L. verteilt vorbereitete, mehrfach identische „Gefühlskärtchen" (traurig, glücklich, neidisch, wütend). Jedes Kind erhält ein Kärtchen, darf es aber nicht den anderen Sch. zeigen. Auf ein Signal hin laufen alle Sch. im Raum umher und stellen „ihr" Gefühlskärtchen pantomimisch dar. Dabei beobachten sie, wer vielleicht das gleiche Gefühl ausdrückt; die jeweiligen Sch. sammeln sich zu einer Gruppe. Auf ein weiteres Signal hin dürfen alle ihr Gefühlskärtchen zur Überprüfung aufdecken.

Gesichtspantomime:
Sch. versuchen, allein mit ihrer Mimik ein Gefühl auszudrücken. Wenn die Mitsch. es erraten haben, erzählt das Kind, an welches Erlebnis es mit dem Gefühl gedacht hat.

Arbeitsauftrag:
Die Arbeitsseite wird aufgeschlagen. „Hier siehst du fünf verschiedene Kinder, die du nicht kennst. Betrachte genau ihre Gesichter. Male auf die freien Stellen des Blattes mindestens zwei Erlebnisse, die zu einem oder mehreren Kindern passen." Diese offene Aufgabenstellung schließt mehrere Möglichkeiten ein: Für das eine Kind mag ein einziges Gefühl vorherrschend sein, deshalb malt es dazu zwei Erlebnisse. Ein anderes Kind wählt zwei Sch. mit unterschiedlichen Erlebnissen und Gefühlen aus. Ein drittes Kind schließlich verbindet vielleicht zwei dargestellte Kinder miteinander und malt ihr gemeinsames Erlebnis und kann dann über ihre identischen/unterschiedlichen Gefühle sprechen.

Auswertung:
Im Unterrichtsgespräch sind mehrere Schwerpunkte denkbar:
- Sch. werden ermutigt, von eigenen Erlebnissen und ihren dabei erlebten Gefühlen zu erzählen;
- Sch. bemerken, dass die Mimik vom Betrachter verschieden verstanden werden kann (ein Kind mit einem anscheinend wütenden Gesicht ist vielleicht gar nicht wütend); zwei Kinder können zu einem Erlebnis sehr unterschiedliche Gefühle haben.

Fächerverbindende Bezüge: D/HS/KU/MU/Sport.

S. 9 „Verwandlungen"

Die *Ambivalenz von Erfahrungen und Erscheinungen* wahrzunehmen und vielleicht sogar als Bereicherung zu erfahren, fördert ethische Reflexionen anstelle eines Schwarz-Weiß-Urteilens.

Einstieg:
L. erzählt oder trägt das Märchen vom „Rumpelstilzchen" (Gebr. Grimm) bis zu der Stelle vor, an der die Königin den Namen des Männleins in Erfahrung zu bringen versucht, um das Kind zu retten. Die Kinder beschreiben die grässliche Angst der Königin. In dieser Phase wird das Arbeitsblatt an die Kinder verteilt mit dem Ziel, die düstere, unbekannte Figur als Zeichen der Angst zu verstehen. Die Figur ist zugleich Anlass, über eigene ähnliche Erfahrungen zu sprechen.

Einzelarbeit:
Aufforderung an die Kinder, die unheimliche Figur mit Stiften oder Wasserfarben so umzuwandeln, dass sie keine Angst mehr macht und vielleicht sogar Lachen oder Freude auslöst. Für die verwandelte Figur soll jedes Kind einen Namen/eine Überschrift auf die Arbeitsheftseite schreiben.

Ergebnis:
Sch. tragen ihre veränderten Bilder und „Lösungsnamen" vor. Sie haben dann vielleicht eine Erfahrung analog zur Lösung des Märchens gemacht, dessen Ende zum Schluss vorgetragen wird.

Differenzierung:
Sch. wollen meist mit großer Begeisterung eigene „Klecksbilder" herstellen: Dazu benötigen sie eine Unterlage, ein Blatt Papier und eine Tintenpatrone. Sie falten das Querformat einmal in der Mitte, geben auf eine Hälfte zwei bis drei Tropfen Tinte, falten das Blatt wieder zusammen und verstreichen die Tinte vorsichtig mit dem Handballen. Nach dem Trocknen können sie das Bild wiederum umwandeln.

Fächerverbindende Bezüge: D/HS/KU/Werken.

S. 10 „Zeitexperimente"

Auf dieser Arbeitsseite wird zum ersten Mal das Phänomen der Zeit direkt thematisiert. Ziel ist es, dass die Kinder Zeit bewusst wahrnehmen und zugleich aufmerksam werden auf den Unterschied von objektiv messbarer und subjektiv erlebter Zeit.

Einstieg:
Sicherlich können schon einige Kinder auch im 1. Schuljahr über den Zahlenraum von 20 hinaus zählen, so dass man mit allen Kindern 5 mal bis 60 (oder mit je einer Gruppe 1 mal bis 60) zählen kann: Die Kinder werden über die Länge der 5 Minuten staunen.

Erarbeitung:
In einer 1. Klasse sollte man die Experimente in der angegebenen Reihenfolge mit allen Kindern gemeinsam erarbeiten; dann braucht jedes Kind eine Augenbinde/Tuch und eine Möhre/ein Kaugummi. In einer 2. Klasse kann man die Experimente als Stationenarbeit aufbauen und den Kindern selbst die Entscheidung über die Reihenfolge der Experimente überlassen.
Nach jedem Experiment soll jedes Kind individuell und möglichst ohne Beeinflussung durch andere Kinder entscheiden, ob die Zeit ihm beim jeweiligen Experiment lang oder kurz erschien.

Abschluss:
Die Kinder vergleichen, welche Experimente ihnen lang bzw. kurz erschienen. Vielleicht kommen sie selbst auf eine Verallgemeinerung, welche Aktivitäten die Zeit „langweilig“ bzw. „kurzweilig“ erscheinen lassen.

Hausaufgabe:
Kinder können zu weiteren Zeitexperimenten aufgefordert werden.

Weiterführung:
Bewegungsabläufe mit verschiedenen Mitteln messen, u. a im Turnunterricht.

Literatur:
Ende, M.: Momo, Stuttgart 1973.

Fächerverbindende Bezüge: MA/D.

S. 11 „Geburtstag“

Gedanken an den eigenen Geburtstag lösen bei jedem Kind Freude, Stolz, Erwartung auf ein Fest aus, aber womöglich auch Ängste vor dem neuen Lebensjahr, vor dem Älterwerden usw. Diese Ambivalenz der Gefühle und Bedürfnisse drückt sich in Wünschen aus, die speziell mit dem Geburtstag verbunden werden.
Mit der *Unterscheidung zwischen solchen Wünschen,* deren Erfüllung man käuflich realisieren kann, und solchen, die nur durch die Zuwendung anderer Personen befriedigt werden können, ist zudem eine mögliche sozialethische Fragestellung angeschnitten.
Das Thema ergänzt außerdem andere bereits erarbeitete Teilaspekte (Arbeitsheftseiten 3, 4, 7, 23).

Einstieg:
Ein Geburtstagskranz ohne Kerzen wird in die Mitte gestellt, die Kinder sprechen über ihre Geburtstage und ihre Geburtstagsrituale. Wenn ein Kind die Anzahl seiner Geburtstagskerzen erwähnt, darf es diese Anzahl in den Kranz stecken. Ein älteres Kind steckt vielleicht für seinen Geburtstag noch weitere Kerzen dazu.

Erarbeitung:
L. greift auf die Erzählung der Kinder über ihre Geburtstagswünsche und -geschenke zurück und fordert die Kinder auf, auf bereitliegende kleine Zettel jeweils einen Wunsch zu malen/zu schreiben; jedes Kind darf so viel Zettel nehmen, wie es Ideen hat.

Auswertung:
Auf zwei vorbereitete Plakate (Kreis und Quadrat) kleben die Sch. der Reihe nach ihre Zettelchen und sagen dazu, ob ihnen die Geschenke alleine oder in Gemeinschaft Spaß machten.

Übung:
Die Arbeitsheftseite dient zunächst der Hinwendung des einzelnen Kindes zu seinem eigenen Geburtstag, indem es die Anzahl der Kerzen seines nächsten Geburtstages einmalt. Anschließend überlegt es bei jedem der abgebildeten Geschenke, ob es mehr alleine oder mehr in Gesellschaft Spaß macht und umrahmt es mit der entsprechenden Form. In freiem Kreis und freiem Quadrat malt das Kind zusätzlich je einen seiner Wünsche.

Differenzierung:
Kinder können ihr Geburtsdatum (eventuell mit Hilfe des Lehrers) in die Mitte des Kranzes notieren.
In einem abschließenden Gespräch können die Beurteilungen einzelner Kinder miteinander verglichen und so die Wahrnehmungen der Kinder differenziert werden.

Fächerverbindende Bezüge: D/HS.

S. 12 „Verzichten“

Diese Seite handelt vom unvoreingenommenen Aufeinanderzugehen (freundlich sein, den anderen respektieren und nicht nur an sich denken, verzichten auf Überheblichkeit, um dem anderen näher zu kommen, ihn besser zu verstehen). Aber auch das Nachdenken über Wünsche und über das Verzichten auf sie ist Anliegen dieser Seite (Förderung der Sozial- und Selbstkompetenz).

Einstieg:
– Auf was kannst du verzichten, um anderen näher zu kommen, ihnen zu helfen, sie zu erfreuen?

- Worauf kannst du leicht verzichten, was fällt dir schwer? Warum?

Unterrichtsgespräch:
Vorlesen der Geschichte „Zwei Eisblöcke". Evtl. die beiden letzten Sätze vorerst weglassen, um die Geschichte offener zu halten.

> **Zwei Eisblöcke**
>
> Es waren einmal zwei Eisblöcke. Das Verhältnis zwischen ihnen war sehr kühl, was nicht verwunderlich ist. Der eine dachte: Warum kommt der andere nicht näher zu mir? Aber der andere Eisblock konnte nicht gehen und kommen. Da dachte der eine: Wenn der andere auftaut, dann taue ich auch auf. – Aber weil der andere Eisblock nicht von selbst auftaute, taute keiner von beiden auf. So geschah es, dass keiner auf den anderen zukam und jeder noch mehr in sich selbst vereiste. Nach Monaten – oder war es nach Jahren? – entdeckte der eine Eisblock eines Mittags, als die Sonne strahlte, dass er schmelzen konnte, und er sah, dass er sich zu Wasser verflüssigte und dass er doch noch er selbst war. Auch der andere machte diese wunderbare Entdeckung. Über die ganz alltäglichen Wassergräben flossen sie aufeinander zu. Sie begegneten sich. Zwar spürten sie ihre Kälte noch, aber auch ihre Schwachheit und ihren guten Willen, ihre eigene Not und die der anderen. Sie fanden, dass sie einander nötig hatten und zusammenbleiben müssten.
> Dann kam noch ein Kind, und noch eins, und noch andere Kinder, und die ließen Schiffe auf dem großen starken Wasser fahren. Die Eisblöcke sahen, dass die Kinder glücklich waren. Und diese Freude spiegelte sich wie die Sonne im Wasser.
>
>

Zielformulierung:
- Warum kamen die Eisblöcke nicht aufeinander zu?
- Was hat die Situation verändert?
- Wem konnten sie damit auch eine Freude bereiten?

Einzelarbeit:
Schüler arbeiten selbständig im Arbeitsheft. Sie schreiben oder malen in die Umrisse.

Verlauf:
In Partnerarbeit oder im Sitzkreis werden die Schülerarbeiten besprochen, die Sch. sollten dabei ihre Auswahl begründen. Eingehen auf die verschiedenen Umrisse auf der Arbeitsheftseite.

Abschluss:
Sch. erfahren, dass das Verzichten für die Christen eine große Bedeutung hat. Besonders zur 40-tägigen Fastenzeit wird sich darauf besonnen.

Hausaufgabe:
Überlege, auf was du eine Woche lang verzichten könntest. Probier es aus und erzähle.

Weiterführung:
- Sch. erstellen einen Plan für vier Wochen, auf was sie verzichten müssen, um zu einem freundlichen Miteinander in der Klasse beitragen zu können.
- Dazu entwerfen sie Plakate, die sichtbar in der Klasse aufgehängt und nach vier Wochen ausgewertet werden.
- Luftballons mit den Möglichkeiten beschriften, auf die man leicht verzichten kann.

Fächerverbindende Bezüge: D/HS/KU/MU/Werken.

Weiterführende Literatur:

Zilleßen, D.: Wahrnehmung ohne Wahrheit? Die Bedeutung der Phänomenologie für die Ethik. In: Der Evangelische Erzieher. 47/1995, S. 270–279 (mit weiterer Literatur).
Böhme, G.: Ethik im Kontext. Über den Umgang mit ernsten Fragen. es 2025. Frankfurt am Main, 1997.
Serres, M.: Die fünf Sinne. Eine Philosophie der Gemenge und Gemische. stw 1389. Frankfurt am Main, 1998.
Selle, G.: Gebrauch der Sinne. Eine kunstpädagogische Praxis. Reinbek, 1988.
Peukert, H.: Bildung als Wahrnehmung des Andern. Der Dialog im Bildungsdenken der Moderne. In: Dialog zwischen den Kulturen. Erziehungsphilosophische und religionspädagogische Aspekte interkultureller Bildung. Münster/New York, 1994.

MITEINANDER — Klasse 1/2

S. 13 „Und wenn du willst"

S. 14 „Besuch"

Methodische Hinweise:
Kinder schaffen sich gern ihr eigenes kleines Reich, in dem sie ungestört sein wollen. Mit Decken und Stühlen oder mit Brettern und Kisten bauen sie sich Buden nach ihren Vorstellungen. Hier können sie ihre eigenen Regeln aufstellen, andere zum Spielen einladen oder für sich allein sein.

Einstieg:
Mögliche Fragen des L.:
- Hast du dir auch schon einmal solch ein Haus gebaut?
- Was brauchst du, um so ein Haus zu bauen?
- Was machst du in deinem Haus?

Lehrervortrag des Gedichtes „In meinem Haus ..." bis „... lass ich dich ein."

An das vorgetragene Gedicht schließt sich die Frage an: Wen würdest du einlassen? Wer ist zu Besuch?
L. bittet die Kinder, ihr Haus zu öffnen, nämlich aufzuschneiden an der perforierten Linie und aufzuklappen (Tipp: vorher die Schnittstelle mit Klebeband verstärken, das erhöht die Festigkeit). Das gesamte Gedicht wird nun sichtbar und kann gelesen werden.

Unterrichtsgespräch:
- Ist das bei dir auch so?
- Wann schließt du deine Tür?

Im Gespräch wird den Kindern deutlich, dass jeder sein Haus öffnen und schließen kann, wenn ihm danach zumute ist. Ein eigener Platz bietet wohltuenden Schutz und kann zugleich Raum für Geselligkeit sein. Auch die Räume sind ambivalent, nie eindeutig, stets von uns Menschen verschieden geprägt und verwendet.

Einzelarbeit:
Die Kinder gestalten ihr eigenes Haus auf der Arbeitsheftseite 12. L. legt verschiedene Materialien bereit (Stoffe, Papier, ...) bzw. läßt diese mitbringen.

Unterrichtsgespräch:
Die Kinder stellen ihre gestalteten „Buden" vor.
- Wie sieht es in deiner Höhle aus?
- Wen hast du eingeladen?
- Was meinst du mit Höhle/Bude/Zelt/Butze ...?

Weiterführung:
Einsatz des Liedes „Bude baun" von Gerhard Schöne, MC oder CD „Kinderland".

Gruppenarbeit:
Buden bauen (aus Bänken, Tischen, Stühlen, Jacken u. ä.).

Fächerverbindende Bezüge: D/HS/KU/Werken.

S. 15 „Und das ist die ganze Familie"

Diese Seite soll die Kinder anregen, darüber nachzudenken, wer bei ihnen zur Familie gehört. Schnell erkennen sie dabei, wie unterschiedlich die *Familiensituationen* sind.

Einstieg:
L. liest das Gedicht vor und zeigt dabei Bilder von Menschen entsprechenden Alters (Kinder, jüngere Erwachsene, ältere Erwachsene, alte Menschen).

Unterrichtsgespräch:
Sch. werden im Gespräch zum Begriff Familie hingeführt. Sie erkennen verschiedene Familienformen, kleine und große Familien. Dabei ist zu beachten, dass manche der Kinder nicht in konventionellen Familien aufwachsen, sondern z. B. mit Mutter, Oma, Vater usw.

Weiterführung:
Lied: „Ich hab', was ich zum Leben brauch" aus MC, CD: „Ich gebe dir die Hände" (Rolf Krenzer/Ludger Edelkötter)

- Kinder suchen auf der Arbeitsheftseite mögliche Mütter, Väter, Großväter
- Spiel für Zuhause und Schule: „Erinnerst du dich?" Mehrere verschiedene Gegenstände liegen auf einem Tablett oder Tuch; die Kinder benennen sie, dann werden die Gegenstände kurz zugedeckt und einer wird unbemerkt weggenommen. Die Gegenstände werden wieder aufgedeckt und das Kind, das den fehlenden Gegenstand als erstes laut benennt, darf als nächstes einen Gegenstand unbemerkt wegnehmen. Die erkannten fehlenden Gegenstände müssen dann wieder auf das Tablett oder Tuch gelegt werden.

Fächerverbindende Bezüge: D/HS/KU/MU.

S. 16 „Zusammen kann es schön sein"

Gemeinsame Erlebnisse in der *Familie* können die schönsten Erfahrungen für Kinder sein. Die Bilder dieser Seite erinnern an solche Momente der *Geborgenheit* und *Zuwendung*.

Einstieg:
L. liest die Geschichte von Sigrid Mordi „Der Fernseher ist kaputt" vor bis: „... Was machen wir nun?", sagt die Mutter. „Der Fernseher ist kaputt."

Der Fernseher ist kaputt

Manchmal mag Ingrid fernsehen, nur wenn es jeden Tag ist, macht es keinen Spaß mehr. Sie würde gern mal etwas anderes machen.
Schlimm ist für Ingrid, dass sie nichts sagen darf, solange der Fernseher an ist.
„Psst!" sagen dann immer die Eltern, „sei doch still!"
Ingrid seufzt. Gerade kommt ein Bild mit einem riesigen Käse: Köstlicher Käse aus Frankreich.
„Puh", sagt Ingrid leise. Sie mag keinen Käse.
„Essen Sie Käse aus Frankreich", sagt die Stimme eindringlich, „zart und frisch ..."
Da knackt es plötzlich im Fernseher, und das Bild ist weg. Man hört nur noch die Stimme weitersprechen:
„Aus der besten Milch zubereitet, eine einmalige Köstlichkeit!"
Der Vater springt auf, schimpft, dreht an allen Knöpfen.
Es hilft nichts. Er schaltet ganz aus, schaltet wieder ein, schaut hinterm Apparat nach.
Es ist nichts zu machen. Das Bild ist weg.
Eine Weile sitzen alle drei da und schauen auf den dunklen Fernseher.
„Was machen wir nun?" sagt die Mutter. „Der Fernseher ist kaputt."
„Spielen wir doch ‚Schwarzer Peter,'", schlägt Ingrid vor.
„Och", sagt der Vater.
„Bitte!" bettelt Ingrid und rennt schon, um die Spielkarten zu holen.
Es wird ein lustiges Spiel. Zum Schluss hat die Mutter den Schwarzen Peter. Alle lachen.
Ingrid holt ihre Fingerfarben und malt der Mutter einen wunderschönen Schnurrbart.
Beim nächsten Spiel behält Ingrid den Schwarzen Peter, beim drittenmal der Vater.
So haben zum Schluss alle einen schönen schwarzen Schnurrbart.

Mutter holt einen Spiegel, und sie schauen sich darin an.
„Prima sehen wir aus!", lacht Ingrid.
Beim Gute-Nacht-Sagen sagt Ingrid zufrieden:
„Das war viel schöner als Fernsehen!".

Sigrid Mordi

Die Kinder äußern Vermutungen über den Fortgang der Geschichte.

Gruppenarbeit/Rollenspiel:
Kinder spielen eine mögliche Fortsetzung vor der Klasse.

Unterrichtsgespräch:
L. liest das Ende der Geschichte vor. Die Kinder äußern sich zum letzten Satz: „Das war viel schöner als Fernsehen!" Die Kinder sollen eine Beziehung zur eigenen Familie herstellen. Sie erkennen ggf. dabei, dass sie zusammen viel unternehmen können, dabei Freude empfinden und sich wohl fühlen.
Im Arbeitsheft betrachten und besprechen die Kinder anschließend die Illustrationen und malen oder schreiben ihre „schönen" Familienerlebnisse in die leeren Blütenblätter.

Fächerverbindende Bezüge: D/HS.

S. 17 „Es gibt auch Kummer und Sorgen"

Im *Alltag* des Zusammenlebens treten oftmals *Probleme* für Kinder auf, die ihnen „Bauchschmerzen" bereiten. Im Unterrichtsgespräch und durch die angebotenen Lösungsmöglichkeiten auf dieser Seite finden die Kinder verschiedene Lösungswege.

Unterrichtsgespräch:
Das Bild von der zerbrochenen Vase und das Gedicht vom Elternstreit dienen als Ausgangssituation:
- Was ist passiert?
- Wie fühlen sich diese Kinder?
- Ist dir schon einmal etwas ähnliches passiert?

Einzelarbeit:
Die Kinder zeichnen eine eigene Kummersituation in die Sorgenwolke ein.

Unterrichtsgespräch:
Die Kinder schildern ihr Erlebnisse und ihre Befindlichkeiten. Gemeinsam suchen sie nach Möglichkeiten, die helfen, die Sorgen zu vertreiben und wo es kein „Vertreiben" gibt. Sie kreisen ihre „Lösungen" ein und ergänzen evtl. noch weitere.

Partnerarbeit:
Die Kinder dichten Zaubersprüche gegen Kummer.

Weiterführung:
- „Kindermutmachlied" lernen (G. Schöne/Andreas Ebert. In: Feiert Gott in Eurer Mitte. Neuhausen-Stuttgart)
- Redewendung benutzen „Ein Stein fällt mir vom Herzen." Dazu eine „Sorgenrunde" gestalten: Jedes Kind kann sich einen Stein auswählen, von seinen Sorgen erzählen und den Stein danach in der Kreismitte ablegen. Wer so seine Sorgen ablegen konnte, will vielleicht jetzt davon berichten, wie es ihm nun geht.
- Sorgenpüppchen aus Guatemala (im Eine-Welt-Laden erhältlich): Den Püppchen können die Kinder ihre Sorgen erzählen. Über Nacht werden die Püppchen unter das Kopfkissen gelegt. Am nächsten Morgen sollen die Sorgen kleiner bzw. „weg" sein, sagt die Legende. Manche Sorge bringt die Kinder vielleicht auch weiter.

Fächerverbindende Bezüge: D/HS/KU/MU.

S. 18 „Schneeweißchen und Rosenrot"

Märchen überzeichnen oft Eigenschaften von Personen, um ein Aussehen, eine Handlungsweise, ein Beziehungsproblem deutlich zu machen. In *Märchen* können hilfreiche *Weisheiten* stecken. Umgekehrt ist auf manche Schwarz-Weiß-Malerei und (bürgerliches) Moralisieren zu achten.

Fächerübergreifende Vorbereitung:
Sch. begegnen dem Märchen „Schneeweißchen und Rosenrot" im Deutsch- und Kunsterziehungsunterricht. Dazu gemalte Bilder schmücken eventuell den Klassenraum.

Unterrichtsgespräch:
Sie erkennen das Märchen im Arbeitsheft wieder und erzählen es in einzelnen Passagen nach. Der Lehrer stellt Fragen zum Märchen, die zum Thema „Angst und Mut" führen:
- Sind Schneeweißchen und Rosenrot ängstliche oder mutige Mädchen?
- Was ist Angst – Was ist Mut? (Begriffsanalyse).

Sch. lesen den Spruch: „Hab ich Mut, mach ichs gut". Sie versuchen, durch Erzählen eigener Geschichten dem Spruch eine Bedeutung zu geben und finden dazu Bezüge im Märchen.

Einzel- oder Partnerarbeit:
Sch. gestalten eine Situation im Arbeitsheft, in der die beiden Mädchen oder sie selbst besonders mutig waren.

Unterrichtsgespräch:
Der Spruch ist nur im Alltagsleben gültig. Sch. spielen anschließend ihre gemalte Situation vor der Klasse.

Fächerverbindende Bezüge: D/HS/KU.

S. 19 „Das muss man auch können"

Die auf dieser Arbeitsheftseite dargestellte oder eine ähnliche Situation haben viele Kinder schon erlebt. Sie bietet Zündstoff für ein gutes Unterrichtsgespräch zum Thema: eigenes Zutrauen, *Zutrauen* anderer, *Angst* als Schutz und *Mut*.

Spielerischer Einstieg:
Ein Weg mit Hindernissen wird ausgewählt. Ein Kind, das die Augen geschlossen hat, soll von einem anderen Kind diesen Weg wortlos geführt werden. Dabei spürt das geführte Kind Sicherheit, wenn es mit beiden Händen an den Schultern geleitet wird.
Eine kurze Auswertung sollte sich anschließen: Hast du dich sicher gefühlt? Hattest du Zutrauen zu deinem Partner?
Sch. betrachten danach diese Arbeitsheftseite und äußern sich spontan zu der abgebildeten Situation.

Partnerarbeit:
Sch. versuchen, sich in die Lage der abgebildeten Kinder zu versetzen und besprechen, was diese wohl denken und sagen würden. Sie schreiben ihre Überlegungen in die Sprechblasen.

Unterrichtsgespräch:
- Was denkt wohl der Junge?
- Warum geht er zurück?
- Ist es auch mutig, etwas nicht zu tun?
- Was erwarten die anderen Kinder von dem Jungen. Was sagen sie?

Im Gespräch soll deutlich werden, dass ich mich und meine Fähigkeiten selbst am besten einschätzen kann. Es gehört Mut dazu, anders zu handeln, als von mir erwartet wird.

Abschluss:
L. erzählt eine ähnliche Mutgeschichte oder liest die Geschichte „Mut" vor.

Mut

Los, Michael! Los! Nun spring schon endlich!
Micha hört die anderen rufen. Laut ist es und heiß.
Ab und zu benutzt der Bademeister die Trillerpfeife.
„He, Sie, Sie müssen eine Badekappe tragen!" Oder:
„Das Springen vom Beckenrand ist verboten!", brüllt er.
Micha hört das Rufen des Bademeisters und die Stimmen der anderen: „Los, Micha, nun spring schon!"
Dann hört Micha nichts mehr. Weit weg ist das platschende Geräusch des Wassers. Weit weg und undeutlich verschwommen ist auch das Stimmengewirr.
Tief, ganz tief unter sich, sieht Micha das leuchtend blaue Wasser des Schwimmbeckens. Fünf Meter!
Mensch, ist das hoch!
Micha schaut nach unten und bekommt Angst. Er schaut nach oben, und er fühlt, wie ihn die große Kuppel des Hallenbades fast erdrückt. Micha wird schwindlig.
„Los! Jetzt mach schon! Feigling, Feigling!", schreien nun die anderen.
Langsam dreht sich Micha um. „Feigling!", ruft auch Pitti, sein Freund.
„Selber einer", sagt Micha, „spring du doch!"
Dann steigt er ganz langsam, Stufe für Stufe, die Treppe des Sprungturms wieder hinunter. „Na, das muss man auch können", sagt eine Frau die gerade vorübergeht.
Micha schämt sich nicht mehr. Erleichtert springt er vom Startblock.

Mechthild zum Egen
Aus: Mücke, Heft 6–7, 1986 © Universum Verlag, Wiesbaden

Weiterführung:
- Vergleichen der Mutsituationen im Arbeitsheft S. 18 mit S. 19, die Verschiedenheit deutlich machen: Angst überwinden, Angst als Schutz; die Gleichheit klären: Mut haben, mutig handeln.
- Mutgeschichten erzählen oder lesen.

Fächerverbindende Bezüge: D/HS/Sport.

S. 20 „Clara und Moritz"

Die Geschichte „Clara und Moritz" bietet gute Gelegenheit, sich in den anderen hineinzuversetzen und *die Geschwister* besser zu verstehen.

Unterrichtsgespräch:
- Warum ist es für Clara nicht immer leicht, eine große Schwester zu sein?
- Warum ist es für Moritz nicht immer er leicht, ein kleiner Bruder zu sein?

Die Kinder erkennen im Gespräch die unterschiedlichen Bedürfnisse von Clara und Moritz.

Rollenspiel:
Sie spielen verschiedene Situationen vor der Klasse vor, die erkennen lassen, dass das Zusammenleben nicht immer leicht ist.
In Einzelarbeit vervollständigen die Kinder die Gedankenblasen von Clara und Moritz im Arbeitsheft.

Unterrichtsgespräch:
L. lenkt das Gespräch auf die schönen Seiten einer Geschwisterbeziehung.
- Geschwister sind nicht nur anstrengend. Geschwister zu haben, kann auch sehr schön sein.
- Kannst du dir das vorstellen?

Partnerarbeit:
Die Kinder besprechen erlebte oder ausgedachte schöne Situationen mit ihren Geschwistern und malen dazu ein Bild. Sie spielen ihr „schönes" Beispiel der Klasse vor.

Weiterführung:
Lied: „Der Kuckuck und der Esel, die hatten einen Streit" (Heinrich Hoffmann von Fallersleben/Carl Friedrich Zelter);
Lied: „Streit, Streit, Streit" (Rolf Krenzer/Ludger Edelkötter).
Video: „Ich bin jetzt ein großer Bruder", Verlag medianova.

Fächerverbindende Bezüge: D/HS/MU.

S. 21 „Jeder kann etwas“

Sch. erkennen auf dieser Seite verschiedene Tätigkeiten aus ihrem Erfahrungsbereich wieder. Dies soll sie anregen, über ihre eigenen Fähigkeiten und Fertigkeiten nachzudenken. Im Gespräch mit ihren Mitschülern erfragen die Kinder deren *Fähigkeiten und Fertigkeiten*. Neben der Erkenntnis, dass jeder in unserer Klasse etwas gut kann, üben sie sich auch hier spielerisch in der sozialen Kommunikation.

Einstieg:
Die Arbeitsheftseite dient als Ausgangssituation, die Kinder nennen die dargestellten Tätigkeiten. Sie finden eine Tätigkeit, die sie gut können und schreiben ihren Namen dazu.

Partnerarbeit:
Frage deinen Banknachbarn, was er gut kann. Trage seinen Namen ein.

Reporterspiel:
Ein Kind wird als Reporter durch die Klasse geschickt, um herauszufinden, was seine Mitsch. gut können. Dabei sollen die anderen Sch. darauf achten: Was tut der Reporter? Was stellt er für Fragen? Wie stellt er seine Fragen? Ist er höflich? Wie haben die Befragten reagiert?
Nach einer kurzen Auswertung kann nun eine Hälfte der Sch. als Reporter in der Klasse tätig sein. Nach ca. 5 Minuten erfolgt der Wechsel. Die Befragten dürfen nun die Reporter sein.

Unterrichtsgespräch:
Im Gespräch erfolgt die Auswertung der Reportertätigkeit:
- Hat dir die Arbeit als Reporter Freude bereitet?
- Hast du für jede Tätigkeit im Arbeitsheft ein Kind in unserer Klasse gefunden?
- Gibt es Kinder in unserer Klasse, die noch andere Dinge gut können?

Weiterführung:
Lehrervortrag der Geschichte „Was kann ich?“ von H. Will-Beuermann (siehe Medien und Literatur).
- Pantomimisches Darstellen einzelner Tätigkeiten durch Kinder vor der Klasse. Wer als erster von den Zuschauern die Tätigkeit errät, darf als nächster pantomimisch zeigen, was er schon kann.
- Bilder malen zum Thema „Ich kann ...“ und daraus ein Wandfries fertigen.

Fächerverbindende Bezüge: D/HS/KU/Sport.

S. 22 „Groß und Klein“

Diese Seite bietet Zugang zur Thematik „Freundschaft“: Wer kann meine Freundin/mein Freund sein? Mit wem könnte ich zusammen sein? Außerdem findet sich hier die für Kinder nicht unwichtige Dimension „groß – klein“.

Einstieg:
Sitzen im Stuhlkreis: Gemeinsames Hören des Märchens „Die Bremer Stadtmusikanten“ (L.vortrag oder Hörspielkassette/CD).

Unterrichtsgespräch:
- Suchen nach den Ursachen für den Erfolg der Märchenhelden, obwohl sie vom Menschen nicht einmal mehr das Gnadenbrot bekamen.
- Sch. schildern den Zusammenhalt, die Freundschaft der Tiere:
  - Freundschaft trotz großer Unterschiede,
  - Gemeinsamkeiten: Alter, Angst, Einsamkeit,
  - Freundschaft hilft den Tieren: Lebensmut, gemeinsame Zukunft, Vertrauen in die eigenen Fähigkeiten.
- Evtl. Fixieren der wichtigsten Gesprächsergebnisse an der Tafel.

Erarbeitung:
- Gemeinsames Lesen des Gedichtes auf der Arbeitsheftseite.
- Spontane Äußerungen der Kinder (Freundschaft zwischen Elefant und Maus, Katze und Hund?).
- Verschiedenheit und Gleichheit klären.

Transfer:
- Mit wem bist du befreundet?
- Male dein Freundschaftsbild.
- Sch. erzählen von ihren Freunden.

Gemeinsame Arbeit:
Die Sch. überlegen sich eine kleine Geschichte, sie wählen sich eine bekannte Geschichte/Märchen/Alltagssituation aus, die sie mit Schattenfiguren darstellen wollen (z. B. Bremer Stadtmusikanten, Zoo).
- Basteln der Figuren, freies Spiel und Inszenierungen einer Aufführung („Gute Freunde“ oder „Vom Kleinsein und Große-Taten-Vollbringen“).
- Sich vor den Overheadprojektor/Bettlaken stellen und mit anderen Kindern Situationen nachspielen oder sogar nach Musik sein eigenes Schattenbild (vergrößert) zum (pantomimischen) Tanzen bringen.

Weiterführung:
Das Gedicht „Leute“ mit Schattenbild und Originalgröße szenisch zu gestalten bietet sich alternativ bei der Erarbeitung der S. 5 an: unter dem Aspekt „groß – klein“.

Leute

Kleine Leute, große Leute
gab es gestern, gibt es heute,
wird es sicher immer geben,
über, unter, hinter, neben

dir und mir und ihm und ihr:
Kleine, Große sind wie wir.
Größer als ein großer kann
aber sein ein kleiner Mann.

Klein und groß sagt gar nichts aus,
sondern nur, was einer draus
für sich selbst und alle macht:
Darum habe darauf acht:

Wer den andern hilft und stützt
und sich nicht nur selber nützt,
hat das richtige Format –
ob ein Zwerg er oder grad

lang wie eine Latte ist
oder einen Meter mißt.
Kleine Leute, große Leute
gab es gestern gibt es heute.

Fächerverbindende Bezüge: D/HS/KU/MU/Werken.

S. 23 „Wir"

Die Kinder begreifen sich zunehmend bewusster als Schüler. Sie erkennen sich immer mehr als Teil ihrer Klassengemeinschaft und erleben täglich, dass sie das Klassen- oder Schulleben selbst mitgestalten. Die Arbeitsheftseite mit einem Teil des Gedichtes „Wir" von Irmela Brender und den verschiedenen Schulsituationen soll die Kinder anregen, das Miteinander in der Klasse bewusster wahrzunehmen und selbst zu gestalten.

Einstieg:

Wir

Ich bin ich, und du bist du.
Wenn ich rede, hörst du zu.
Wenn du sprichst, dann bin ich still,
weil ich dich verstehen will.
Wenn du fällst, helf ich dir auf,
und du fängst mich, wenn ich lauf.
Wenn du kickst, steh ich im Tor,
pfeif ich Angriff, schießt du vor.
Spielst du pong, dann spiel ich ping,
und du trommelst, wenn ich sing.

Allein kann keiner diese Sachen,
zusammen können wir viel machen,
ich mit dir und du mit mir –
das sind wir.

Irmela Brender
Aus: J. Fuhrmann (Hg.), Gedichte für Anfänger, Rowohlt, Reinbek 1995.

Unterrichtsgespräch:
Auswertung der Höraufträge:
- Welche Tätigkeiten habt ihr euch gemerkt? (sprechen, fangen, kicken, …)
- Wer tut diese Dinge? (wir, ich und du)

L. liest den letzten Teil des Gedichtes noch einmal vor: „Allein kann keiner diese Sachen … wir."
- Was erleben wir noch miteinander?

Einzel- oder Partnerarbeit:
Sch. kreuzen entsprechende Abbildungen im Arbeitsheft an.

Unterrichtsgespräch:
Besprechen der angekreuzten Situationen.
Dabei soll verdeutlicht werden, dass im Umgang mit anderen auch Probleme zu lösen sind, dass es „Regeln" gibt, die das Miteinander angenehm machen können.
- Wie kommen wir gut miteinander aus?

Einige dieser Regeln finden wir im Gedicht.

Fächerverbindende Bezüge: D/HS.

S. 24 „Mein – dein – unser"

Das Herausfinden der Unterschiede zwischen meinem, deinem und unserem *Eigentum* ist Anliegen dieser Arbeitsheftseite. Der achtsame Umgang mit fremdem und gemeinsamem Eigentum wird herausgestellt werden.

Einstieg:
L. spielt den Kindern eine Konfliktszene mit Hand- oder Fingerpuppen vor: „Hier liegt aber ein schöner Füller. Den werde ich behalten", sprach Lieschen und steckte ihn in ihre Federmappe. Lukas schaute Lieschen dabei zu und sagte: „Dieser Füller gehört doch Susi." „Na und?", antwortete Lieschen, „Das macht doch nichts!"

Unterrichtsgespräch:
Die Kinder besprechen die kleine gespielte Szene und erkennen den Unterschied zwischen „mein" und „dein".
- Darf ich mir einfach Dinge nehmen, die mir nicht gehören? Warum?
- Was kannst du machen, wenn du etwas in der Schule oder auf dem Schulhof findest?

Partnerarbeit:
- Frage deinen Banknachbarn, welche im Arbeitsheft abgebildeten Dinge er besitzt.
- Zeichne ein Dreieck darum! Die Gegenstände, die dir gehören, kreise ein.

Unterrichtsgespräch:
Die Kinder stellen ihre Ergebnisse vor. Ein paar Dinge bleiben übrig. Wem gehören sie? L. lenkt das Gespräch auf die gemeinsame Nutzung der Spielgeräte, die Gegenstände im Klassenraum.
- Wie gehen wir damit um?

Partnerarbeit:
Sch. rahmen ein und zeichnen in die leeren Figuren entsprechende Objekte.

Fächerverbindende Bezüge: D/HS/KU.

S. 25 „Höflich sein ist gar nicht schwer"

Der freundliche und höfliche *Umgang miteinander* erleichtert uns das Zusammenleben in der Schulgemeinschaft. Wir signalisieren damit dem anderen: Ich denke an dich. Ich beachte dich.

Unterrichtsgespräch:
Inhaltliche Klärung des Begriffs „Höflich sein", ausgehend von den beiden Wörtern „Bitte" und „Danke", die als Einstieg in das Thema an der Tafel haften oder auf den Schülertischen liegen.
- Wann verwendest die diese beiden Wörter?
- Wer ist höflich?
- Wer ist unhöflich?

Im Arbeitsheft erkennen die Kinder einen Schulhof mit bekannten Situationen aus dem Schulalltag.

Partnerarbeit:
Sie besprechen diese Situationen miteinander, suchen die passenden Sprechblasen auf Arbeitsheftseite 61, schneiden sie aus und kleben sie auf.

Unterrichtsgespräch:
Auswertung der Partnerarbeit; Sch. begründen ihre Wahl der Sprechblasen.
- Ist „höflich sein" schwer?
- Bist du immer höflich?
- Zu wem bist du öfter unhöflich (höflich)?
- Kennst du das: Besonders höflich sein, um vielleicht damit etwas zu erreichen?

Wenn ich höflich zu anderen bin, kommt diese Höflichkeit oft zu mir zurück.

Rollenspiel:
Sch. spielen Szenen aus dem Arbeitsheft oder aus ihrem Familien- und Schulalltag vor der Klasse nach.

Weiterführung:
- Kennenlernen eines passenden Gedichtes oder einer Geschichte.
- Schreiben vieler Höflichkeitswörter, Aufkleben zu einem Bild.
- Unterschiedliches grafisches Gestalten der Wörter „Bitte" und „Danke".

Ergänzender Text:
Vorlesen der Geschichte „Bitte".

Bitte

Man sitzt bei Tisch. „Gib mir Brot!", sagt Lili. Die Mutter antwortet nicht. „Ich will Brot!", sagt Lili wieder. Aber die Mutter? – Hat sie nicht gehört? Sie fängt an und erzählt eine Geschichte:
„Es war einmal ein Zaubergarten. Man sah von fern die Blumen blühen und die Springbrunnen springen. Aber das Tor war abgeschlossen. Da wollten die Leute über die Mauer klettern. Aber wenn sie eben meinten, sie seien oben, da wuchs die Mauer immer wieder ein Stück hinauf. Da nahmen die Leute ein Beil und wollten das Tor einschlagen. Da zerbrach das Beil. Da nahmen die Leute Feuer und wollen das Tor verbrennen. Aber das Tor brannte nicht.
Jetzt kam ein Kind und sagte nur ein kleines Wort: B i t t e ! sagte das Kind, und das Tor sprang auf, und das Kind ging in den Garten hinein."

Irmgard Faber du Faur
Aus: Kind und Welt.

Jedes Kind entwirft eine eigene „Bitte"-Geschichte.

Fächerverbindende Bezüge: D/HS.

S. 26 „Hier haben wir Verantwortung"

Die geschilderte Situation macht den Sch. deutlich, dass es sich ohne Regeln und Vereinbarungen nicht zusammen leben und lernen lässt. Sie erkennen die Verantwortung, die jeder Einzelne übernehmen muss, für sich selbst und für die Klasse.

Einstieg:
Die Sch. betrachten die Seite, sie gibt ihnen sofort Anlass zu einem Gespräch.

Partner- oder Gruppengespräch:
L. lässt die Sch. in kleinen Gruppen über das Bild sprechen, so kommen alle Sch. zu Wort. Die Ergebnisse ihrer kurzen Analyse teilen dann einzelne Gruppensprecher der Klasse mit.

Unterrichtsgespräch:
Gemeinsam klären die Sch. die Verantwortungsbereiche der abgebildeten Sch.. Die Fragestellung unter dem Bild hilft den Sch. dabei (– Wer ist hier verantwortlich?).
Sie erkennen, hier fehlen Regeln und Vereinbarungen bzw. diese werden nicht eingehalten.

Gruppenarbeit:
Sch. erhalten ein Arbeitsblatt mit Piktogrammen (z. B. Computerausdruck) für Klassenregeln. In Gruppen wählen sie entsprechende Piktogramme für Regeln in einem bestimmten Bereich aus (oder gestalten neu). Z. B. zu Umgangsformen (Wie wir miteinander umgehen), Ordnungsformen (Wie wir im Klassenraum Ordnung halten), Rechte und Pflichten (Was haben wir zu tun und einzuhalten?). Die Ergebnisse der einzelnen Gruppen können nach gemeinsamer Besprechung vergrößert und mit Schrift gestaltet werden.

Fächerverbindende Bezüge: D/HS/KU

S. 27 „Das böse Wort"

Im Alltag geraten Sch. häufig in *Konfliktsituationen*, die sie auf unterschiedliche Weise zu lösen versuchen. Auf dieser Seite erkennen die Kinder so eine

Situation wieder und können mit Hilfe der ausgeschnittenen Bilder die Entwicklung des *Streits* selbst bestimmen, verschiedene Möglichkeiten ausprobieren und den Ausgang des Streits festlegen.

Unterrichtsgespräch:
Die Kinder erzählen von verschiedenen Konfliktsituationen. Darauf aufbauend:
- Hast du so etwas auch schon erlebt?
- Wie hast du dich dabei gefühlt?
- Was ist wichtig beim Streit?

Im Gespräch soll deutlich werden, dass sowohl das Streiten als auch eine Lösung des Streites und eine Versöhnung sehr wichtig sein können – es gibt auch Streit ohne Lösungsmöglichkeiten. Es gibt unterschiedliche Arten von Streiten. Welche Mittel beim Streiten können richtig sein, welche sollte man „verbieten"?

Partner- oder Gruppenarbeit:
Die ungeordnete Bildgeschichte auf Arbeitsheftseite 61 ausschneiden und geordnet um das Gedicht herum aufkleben.

Rollenspiel:
Zwei Kinder spielen ihre geordnete Bildgeschichte mit Konfliktlösung vor der Klasse. Die anderen Kinder äußern sich dazu:
- Wie fing der Streit an?
- Worum haben sie sich gestritten?
- Wie haben sie sich gestritten?
- Wie haben sie sich wieder vertragen?

Fächerverbindende Bezüge: D/HS.

S. 28 „Streiten und Versöhnen"

Sch. können mittels der Arbeitsheftseiten 27 und 28 Möglichkeiten und Wege zum Beenden von Streitigkeiten kennenlernen, besprechen und ausprobieren.

Einstieg:
Sch. betrachten die Seite, äußern Vermutungen und finden sehr schnell den Versöhnungsweg im Labyrinth.

Unterrichtsgespräch:
Auf dem Weg finden sie verschiedene Äußerungen. Sie können darüber nachdenken:
- Welche Sätze führen schnell zum Streit?
- Welche führen in eine „Sackgasse"?
- Welche können einen Streit beenden und führen zur Versöhnung?

L. regt die Kinder dabei an, von eigenen Erlebnissen zu erzählen.

Spiel mit Handpuppen oder Rollenspiel:
Eine selbsterlebte Streitsituation aus dem Schulalltag wird von Kindern nachgespielt.
Streitursachen und Konfliktlösungen werden besprochen und gewertet:
- Wie kam es zum Streit?
- Wie wurde der Streit fortgesetzt?
- Ist dies für mich eine gute bzw. annehmbare Lösung des Streits?
- Gibt es weitere Lösungen für den Konflikt?

Weiterführung:
Siehe auch Arbeitsheft S. 20

Warum sich Raben streiten

Weißt du, warum sich Raben streiten?
Um Würmer, Körner und Kleinigkeiten

um Schneckenhäuser, Blätter und Blumen
um Kuchenkrümel und Käsekrumen

und darum, wer Recht hat und Unrecht und dann
auch darum, wer schöner singen kann.

Mitunter streiten sich Raben wie toll
darum, wer was tun und lassen soll,

und darum, wer Erster ist, Letzter und
Zweiter, Dritter und so weiter.

Raben streiten um jeden Mist.
Und wenn der Streit mal zu Ende ist,

weißt du, was Raben sagen?
Komm, wir wollen uns wieder vertragen!

Frantz Wittkamp
Aus: H.-J. Gelberg (Hg.), Überall und neben dir, Beltz und Gelberg, Weinheim/Basel 1986, © F. Wittkamp

Fächerverbindende Bezüge: D/HS.

S. 29 „Komm zu mir"

Hier werden den Kinder in spielerischer Form weitere *Versöhnungsmöglichkeiten* angeboten. Das Singen und Spielen dieses Liedes bereitet ihnen viel Freude. Zu den beiden vorangegangenen Arbeitsheftseiten 23 und 24 eignet sich dieses Lied sehr gut als Ergänzung. Der Text gibt Anlass für ein Unterrichtsgespräch und für den Versuch, eine zweite Strophe zu dichten.

Aufführung des Tanzes durch die Kinder:
Zwei Pärchen beginnen zum Lied zu tanzen mit den entsprechenden Bewegungen. Nach der ersten Strophe sucht sich jeder Tanzpartner einen neuen Partner usw. bis kein Kind mehr in der Klasse an seinem Platz ist.
Das Lied kann auch im Doppelkreis getanzt und/oder gespielt werden.

Fächerverbindende Bezüge: D/HS/MU/Sport.

S. 30 „Das Liebkosewort"

Ziel dieser Seite ist die Wahrnehmung und Einsicht, dass man Liebkoseworte nur erhoffen, erbitten, wünschen und sich nicht selbst zusprechen kann. Diese

Erfahrung ist ein Geschenk und gibt umgekehrt die Fähigkeit, anderen Menschen ein Liebkosewort weiterzugeben. Diese Art von Beschenktwerden ist eine menschliche Grunderfahrung, die wir nicht vorschnell mit dem Appell und Wunsch zum Geben und Weitergeben überspielen sollten.
Diese Arbeitsheftseite unternimmt den Versuch, den Kindern ihre kleinen Glücksmomente im Leben näher zu bringen und gemeinsam darüber nachzudenken, wie sie ihrerseits Glücksmomente weitergeben können.

Einstieg:
Eine Lobrunde in der Ethikgruppe:
Mehrere Kinder sitzen im Stuhlkreis; sie sagen dem Kind in der Kreismitte, was sie an ihm gut finden (auf Wechsel achten), oder: ein Kind sagt dem nächsten im Stuhlkreis etwas Nettes, z. B. „Sabine, ich finde ganz toll, wie du …".

Unterrichtsgespräch:
Wie fühlst du dich, wenn dir jemand etwas Nettes sagt?
- Wem sagst du gerne etwas Liebes?
- Wann sagst du anderen etwas Nettes?
  L. liest „Das Liebkosewort" vor. (Klären des Begriffs: „Liebkosewort").
- Mit den Kindern kann der Wunsch-Charakter dieses Liebkosewortes wahrgenommen und dann gefragt werden, warum es ein Wunsch-Wort und nicht etwa ein Befehl-Wort ist. Dies kann geschehen, indem die Kinder nette, liebevolle Wörter und Sätze suchen.
- Einsatz des „Liebkoseliedes", in: Reinhard Lakomy/Monika Erhardt „Der Traumzauberbaum", Lugert Verlag, Marschat 1995.
- Lernen des Gedichtes „Das Liebkosewort".
- Gestalten kleiner Herzen aus Tonpapier.

Ich freue mich

Ich freue mich,
wenn ich dich seh,
ich finde dich so nett,
ich schenke Dir mein H und E,
mein R und auch mein Z.

Frantz Wittkamp
Aus: H.-J. Gelberg (Hg.), Überall und neben dir, Beltz und Gelberg, Weinheim/Basel 1986, © F. Wittkamp

Weiterführung:
Schreiben und Gestalten des Liebkoseliedes in einer veränderten Form für einen lieben Menschen, z. B. zum Muttertag, Geburtstag oder um einfach zu sagen: „Ich mag dich".

Fächerverbindende Bezüge: D/HS/KU/Werken.

Medien und Literatur:
H. Will-Beuermann/J. Hinnrichs: Bunte Texte „Ich bin nicht allein". Hannover 1981.
MC/CD „Traumzauberbaum" Reinhard Lakomy
Video: „Ich bin jetzt ein großer Bruder", Verlag medianova. Ein Film nach einer Bildgeschichte von Ingrid Kellner.

HIER und ANDERSWO

Klasse 1/2

Methodische Hinweise:
Am Beispiel des Jahreskreises können Kinder erkennen, wie Feste, Feiern und Bräuche unser Leben mitbestimmen. Riten zeigen Unterbrechungen und neue Abschnitte des Lebens an, z. B. das Geburtstagsfest; sie strukturieren das Alltagsleben im Jahresablauf, z. B. das Weihnachtsfest mit der Adventszeit und das Neujahrsfest; sie helfen, schwierige Erfahrungen, Erlebnisse und Phasen zu verarbeiten, z. B. wenn ein Kind aus dem Krankenhaus zurückkehren darf und von der (Familie und) Klasse empfangen wird. So können neben feststehenden Riten (Festen, Bräuchen), die so etwas wie Geländer in der Sozialisation der Kinder sind, auch Feste je nach Anlass gestaltet, erfunden, variiert werden.
Jedem *Ritus* liegt ein sogenannter *Ursprungsmythos* zugrunde, z. B. der Mythos von Jesus als dem Christus für die Weihnachtsgeschichte, sofern sich seine Geburt als eine ganz besondere Geburt ereignet hat. Und aus dem rituell gefeierten Mythos entspringen Gebote und Verbote, z. B. das Gebot der Gottes-, Nächsten- und Feindesliebe und das Verbot von Vergeltung und Rache.
Beim Gestalten von Festen und Feiern erleben die Kinder die Zeit der Besinnung, der Vorfreude, der Vorbereitung. Mittels Legenden und Symbolen, z. B. vom Nikolaus oder der Stern-Licht-Symbolik, können Kinder in Ablauf, Ausgestaltung und Sinn von Festen, Feiern und Bräuchen eingeführt werden.

S. 31 „Erntedank"

Am ersten Sonntag im Oktober feiern die Christen das Erntedankfest. Damit schließt eine Periode im bäuerlichen Leben, deren Beginn in vielen Regionen

Deutschlands meist durch den Jakobstag (25.07.) festgelegt ist. Die Arbeitsheftseite will Sch. einerseits für die Mühe und Arbeit sensibilisieren, die notwendig sind, um die Pflanzen so anzubauen und zu pflegen (vgl. Gerhard Winkels „Pflegerisches Prinzip"), dass schließlich die Früchte der Erde zu ernten *(Achtung vor der Arbeit der Bauern)* sind. Andererseits versucht die Seite die Sch. für die Schönheiten der Natur zu sensibilisieren und Impulse für einen achtsamen Umgang mit dieser zu geben (vgl. auch Arbeitsheftseiten 32, 33 und das vierte Kapitel).

Einstieg:
Sch. betrachten die Schülerbuchseite und äußern sich spontan.

Lehrervortrag:
Warum und wie früher das Erntefest gefeiert wurde und welche Traditionen es heute gibt.

Unterrichtsgespräch:
Vermutungen über die Bedeutung des Bildes mit dem Mülleimer und der Zusammenhang mit dem Erntedank.

Partnerarbeit:
Sch. lösen Aufgabenstellung unter dem Bild und überlegen mit ihrem Partner, welche Schlussfolgerungen daraus zu ziehen sind.
Sie stellen im Sitzkreis ihre Ergebnisse vor und werten sie.

Unterrichtsgespräch:
Es werden gemeinsam Regeln zum Umgang mit Lebensmitteln erarbeitet.

Ergebnissicherung:
Gemeinsame Gestaltung eines Blattes mit diesen Regeln zum Aufhängen in der Klasse.

Weiterführung:
- Einbeziehung der Geschichte „Kartoffeln hin, Kartoffeln her" von Hermine König in den Unterricht, dabei auf die körperlich anstrengende Arbeit der Bauern eingehen:
- Vergleichen Feldarbeit früher und heute.
- Eventuell bei der Feldarbeit zusehen, wenn möglich beim Kartoffelnachlesen mit helfen.
- Einfache Kartoffelgerichte zubereiten.
- Gemeinsam am Lagerfeuer sitzen, Kartoffeln ins Feuer legen, Kartoffelkönig/in krönen.
- Erntefeier mit Gästen planen (Einladungen gestalten; gemeinsam essen und trinken, Lieder singen und tanzen).

Fächerverbindende Bezüge: D/HS/MU/Sport.

S. 32 „Aus unserem Garten"

Voraussetzung für die Beschäftigung mit dieser Seite ist ein Unterrichtsgang. Vorher werden kleine Beobachtungsaufträge formuliert und verteilt. Die Schüler sollen die Möglichkeit erhalten, durch *bewusstes Wahrnehmen* der Natur im Herbst, ihre Erkenntnisse und Empfindungen mit verschiedenen Materialien auf der Arbeitsheftseite zum Ausdruck zu bringen.
Erkenntnisse, die in vorangegangenen Stunden gewonnen wurden (z. B. Arbeitsheftseite 31) können hier noch einmal vertieft und gefestigt werden.

Einstieg:
- Gemeinsames Singen eines Herbstliedes oder Musikhören z. B. von Antonio Vivaldi „Die vier Jahreszeiten".
- „Herbst" oder Herbstgedicht vortragen oder ein Bild mit einer Herbstlandschaft gemeinsam betrachten.

Unterrichtsgang:
Schönheiten und Vergänglichkeiten des Herbstes entdecken; Früchte und Blätter des Herbstes sammeln.

Auswertung:
- Im Sitzkreis gesammelte Dinge betrachten und sich an ihnen erfreuen und mit ihnen trauern.
- Eventuell auch riechen, fühlen, schmecken und entsprechende Empfindungen mitteilen.
- Gestaltung des Erntekorbes im Arbeitsheft z. B. durch malen, kleben, reißen usw.

Reflexion:
- Vorstellen der gefüllten Erntekörbe und darüber sprechen, warum man sie so gestaltet hat
- eventuell Bilder im Klassenraum aufhängen.

Weiterführung:
- Gemeinsam einen Erntedanktisch aus den Früchten des Herbstes gestalten;
- gemeinsam einen Salat herstellen;
- kleine Erntekränze binden;
- Sch. gestalten einen kleinen Erntekorb oder eine Ernteschale, um jemanden eine Freude zu bereiten;
- Besuch einer Kirche und Ansehen der geschmückten Kirche und des Erntedanktisches.

Fächerverbindende Bezüge: D/HS/KU/Werken.

S. 33 „November"

Ziel dieser Seite ist es, den Sch. mit Hilfe meditativer Elemente den *Kreislauf der Natur* zu erschließen. Sie sollen erkennen können, dass Werden und Vergehen der Natur eigen ist. Die Seite ermöglicht einen Transfer auf persönliche Erlebnisse der Kinder im Umgang mit *Leben und Tod.*
Die kreative Gestaltung ist eine Variante, die Kinder für das Thema zu öffnen und zu sensibilisieren.
Auch philosophisches Fragen (wie z. B.: „Sterben Bäume/Blätter/Äpfel etc. auch?") lässt sich hier gut einüben (Förderung der Methodenkompetenz).

Einstieg:
Sch. betrachten still mitgebrachte Blätter (der Stimmung entsprechend leise Hintergrundmusik)

Gespräch:
Sch. können ihre Gefühle und Gedanken äußern:
- Wann schaukelt und wann gaukelt das Herbstblatt?
- Warum ist das so?
- Was ist passiert, wenn das Blatt am Boden liegt?
- Kannst du andere Beispiele von Veränderungen in der Natur nennen?

Darstellen:
- Möglichkeiten der körperlichen Darstellung des Gedichtes finden.
- Gedicht mit einfachen Rhythmusinstrumenten darstellen.
- In Gruppen- oder Partnerarbeit eine Geschichte zur Arbeitsheftseite überlegen und szenisch darstellen.

Gestaltung:
Mit Bunt-, Filz-, oder Fettstiften die Seite individuell gestalten oder Seite mit Blätterdruck gestalten.
Lied:
„Ihr Blätter wollt ihr tanzen" (G. Lang/E. Rubsch, nach überlieferter Melodie)

Gruppenarbeit:
- Blätterteppich mit Blätterdruck gestalten
- Herbstbaum aus Naturmaterialien gestalten (Stamm aus Rindenstücken, Baumkrone aus Moos und kleinen Zweigen, gepresste Blätter – alles auf dicker Pappe mit entsprechenden Leim befestigen).

Fächerverbindende Bezüge: D/HS/MU/KU/Werken.

S. 34 „Martinslicht"

Viele Kinder kennen über die Laternenumzüge am Martinstag (11.11.) die Figur des Martin im Brauchtum. Auf den beiden Arbeitsheftseiten 34 und 35 kann das Kind das Martinsfest gemeinsam mit anderen Kindern gestalten, erleben und die historischen Wurzeln und ethische Fragestellung kennnenlernen. Als Spross einer römischen Offiziersfamilie wurde Martin 316 in Pannonien (heute Ungarn) geboren. Auch er wird mit 15 Jahren römischer Soldat. An einem kalten Winterabend des Jahres 334 – Martin tat Dienst im römisch besetzten Gallien – trifft er an einem Stadttor einen halb erfrorenen Bettler, von keinem anderen Menschen beachtet. In Ermanglung anderer Hilfe schneidet Martin kurzentschlossen seinen weiten Soldatenmantel entzwei. Von den Umstehenden wird er weniger wegen seiner Hilfsbereitschaft geachtet als vielmehr wegen des lächerlichen Anblicks in zerschnittenem Gewand verspottet. Wenig später tritt Martin zum Christentum über und schließlich zwei Jahre später aus dem römischen Militärdienst aus, nachdem er sich geweigert hatte, an einer Schlacht teilzunehmen. In den folgenden Jahren ist er an der ersten Klostergründung in Gallien beteiligt und wird nach anfänglichem Streuben durch den Druck des Volkes gegen den Willen des Klerus 371 Bischof von Tour. Hochgerühmt ob seines Gerechtigkeitssinnes und seiner Volkstümlichkeit stirbt er 397.

Einstieg:
- Lied von Sankt Martin.
- Sch. erzählen von ihnen bekannten Martinsbräuchen, besonders von Martinsumzügen. L. erarbeitet mit Sch. die Symbolik des Lichts.
- Gemeinsames Lesen des Gedichts. In der 3. Strophe wird die Legende so gewendet, dass sich das Verhältnis von Geben und Nehmen, von oben und unten, umkehrt: Der Bettler (wie in der christlichen Auffassung auch Christus) ist der eigentlich Gebende. Mit den Sch. kann man hier über die Freude von Schenken und Beschenktwerden reden. Symbol dieser Freude ist das Licht, wie z. B. auch bei den Kerzen auf dem Geburtstagskranz.

Basteln einer Martinslaterne
Jedes Kind benötigt:
- $^1/_2$ Din A 3-Zeichenpapier,
- Pappe, um mit einer Kreisschablone (Durchmesser 13 cm) einen Kreis und einen circa 2 cm breiten Kreisrand aufzumalen),
- 2 cm breiten Pappstreifen zur Verstärkung des oberen Randes,
- Blumendraht,
- Öl-Wattebausch,
- Teelicht.

Die Sch. bemalen zunächst frei oder mit Hilfe der Muster auf der Arbeitsheftseite 34 das querformatige Zeichenpapier. L. achtet auf das Ausmalen der Innenflächen der einzelnen Formen. Hintergrund kann weiß bleiben oder bunt (blau) nach Belieben ausgemalt werden.
Weitere Fertigstellung wie in der Anleitung auf der Arbeitsseite, die mit den Sch. gemeinsam besprochen werden kann.

Abschluss:
Fertiggestellte Laternen werden im Kreis aufgestellt und die Teelichter bei verdunkeltem Raum angezündet. Abschließend wird das Martinslied wiederholt.

Fächerverbindende Bezüge: KU/MU/D.

S. 35 „Mein Martinsmantel"

Wurden beim Thema Martinslicht die beglückenden Seiten des Schenkens erarbeitet, so ist es Ziel dieser Arbeitsheftseite, gegen ein furchteinflößendes Moralisieren der Martinsgeschichte die Kinder zu einer Haltung zu ermutigen, zu ihren eigenen Gefühlen und Bedürfnissen zu stehen. Zugleich sollte in ihnen die Bereitschaft geweckt werden, ihre Gefühle genauer zu beobachten: Wann macht es Freude zu teilen, wann fällt es schwer?

Einstieg:
- Martinslaternen werden angezündet, Martinslied wird wiederholt.
- L.erzählung: Das Leben des Martin von Tours.

Erarbeitung:
Zur Vorbereitung der Arbeitsseite suchen und benennen die Kinder alle Leute, die Elisabeth kennt. Kinder tragen in Einzel- oder Partnerarbeit in die beiden Mantelhälften die ihrer Meinung nach passenden Personen ein und ergänzen mit eigenen Personen.

Abschluss:
Kinder tragen ihre Ergebnisse vor. Im anschließenden, die Ergebnisse vergleichenden Unterrichtsgespräch können Kinder zu dem Schluss kommen, dass Teilen und Liebe/Freundschaft miteinander verwandt sind. Wiederholung des Martinsliedes.

Vertiefung:
Grimm-Märchen „Sterntaler".

Fächerverbindende Bezüge: KU/MU/D.

S. 36 „Barbarazweig"

Den Reigen der Kalenderheiligen in der Adventszeit eröffnet am 4. Dezember die heilige Barbara. Ihr Fest wird seit dem 12. Jahrhundert auf unterschiedliche Weise begangen.
Der Brauch, um diese Zeit knospende Zweige zu schneiden, scheint jedoch älter zu sein. Er erklärt sich von einer Legende, derzufolge einst Bergleute am Tag dieser ihrer Schutzpatronin Kirschzweige für einen Altar in einem Bergwerkstollen geschnitten haben. Da sie arm waren, konnten sie keine anderen Blumen kaufen. Kurz darauf seien bei einem Grubenunglück einige Bergleute verschüttet worden. Nachdem ihr Grubenlicht erloschen war, irrten sie durch die Gänge des Stollens. Plötzlich sahen sie einen hellen Schein. Sie kämpften sich mühsam vorwärts und kamen schließlich zu ihrem Altar, der im hellen Licht erstrahlte. Ihre zuvor recht armselig anmutenden Kirschzweige hatten inzwischen Blütenpracht entfaltet.
Die Arbeitsheftseite möchte den Gedanken der Möglichkeit des Erwachens von Leben auch in der kalten, unwirtlichen Jahreszeit unterstützen. Beobachtungen an geschnittenen Kirschzweigen führen diesen Beleg und zeigen, dass jedes Leben eingebettet in ein Bedingungsgefüge ist. (Aufgreifen der Erkenntnisse von S. 33: „November".)

Einstieg:
- In Sitzkreis eine Vase mit Zweig stellen.
- Sch. Vermutungen anstellen lassen, z. B.: Was passiert, wenn wir Zweig im warmen Zimmer stehen lassen?
- Sch. können Vermutungen über den Ursprung und die Bedeutung des Barbaratages anstellen.

Lehrervortrag:
Schüler erfahren etwas über Ursprung und Bedeutung des Barbaratages.

Schülerarbeit:
Betrachten und Lesen dieser Arbeitsheftseite.

Unterrichtsgang:
Suchen von Kirsch-, Apfel-, Forsythie- oder Mandelzweigen bzw. diese von Kindern mitbringen lassen (Hinweis auf das richtige Abschneiden der Zweige geben!).

Beobachtung:
Zweige in den Klassenraum stellen und über mehrere Wochen bis zum Weihnachtsfest beobachten und pflegen (Beobachtungen ins Arbeitsheft einschreiben oder malen). Entsprechend der Klassensituation entscheidet man, ob jeweils ein oder mehrere Kinder einen Zweig zusammen pflegen.
(Gab es noch keinen Frost, sollte man die Zweige für ein paar Stunden in ein Tiefkühlfach legen und danach langsam im warmen Wasser auftauen lassen. Dann werden die Zweige angeschnitten, ins Wasser und an einen hellen Platz gestellt.)

Erkenntnisse:
Sch. sollen erkennen, dass durch Wärme und Fürsorge etwas erblühen kann.

Abschluss:
Sind die ersten Zweige erblüht, werden die Kinder sie freudig und stolz mit nach Hause nehmen können. Die Auswertung sollte behutsam erfolgen, weil mancher Zweig trotz Pflege vielleicht nicht erblüht ist (Lehrer sollte dementsprechend vorsorgen).

Fächerverbindende Bezüge: D/HS.

S. 37 „Was würde Nikolaus hiervon bringen?"

Mit dieser Seite wird den Kindern ein typischer Brauch in der Vorweihnachtszeit nahe gebracht. Diese Beschäftigung soll die Vorfreude auf das Weihnachtsfest wecken und die Bedeutung des Nikolausstiefels in kindgemäßer Form vermitteln. Dabei ist es wichtig über erfüllbare und nicht erfüllbare Wünsche und Erwartungen in Bezug auf den Nikolaustag zu reflektieren (siehe auch Arbeitsheftseite 41 „Wünsche zu Weihnachten"). Eine Verknüpfung mit der Arbeitsheftseite 39 „Legende vom Nikolaus" würde sich als weitere Möglichkeit anbieten, um den Brauch zu verdeutlichen.

Einstieg:
Sitzkreis: in der Mitte steht ein Stiefel, um den Stiefel herum liegen Dinge zum Füllen (in Anlehnung an die Arbeitsheftseite – auch Dinge, die nicht in den Stiefel passen.)

Gespräch:
Sch. überlegen, was der Stiefel und die Geschenke bedeuten sollen und welcher Tag bevorsteht. Sie sprechen über ihre Erinnerungen an vergangenen Nikolaustage und was damals Inhalt ihrer Stiefel war.

Erkenntnis:
Sch. sollen im Gespräch und beim gemeinsamen Füllen des Stiefels erkennen, dass nur kleine Geschenke wie z. B. Obst, Nüsse, Lebkuchen, Schokolade, Handschuhe etc. in den Stiefel passen und die größeren Geschenke zum Weihnachtsfest auf dem Gabentisch liegen.

Hinweis:
Durch kurzes Eingehen auf die Legende „Wie Nikolaus den drei armen Mädchen half", kann den Sch. der Brauch vom Füllen des Nikolausstiefels noch besser verdeutlicht werden.

Anwendung:
Sch. wenden die Erkenntnisse beim Füllen des Stiefels auf der Arbeitsheftseite an.
Sie schneiden die von ihnen gewählten Dinge aus, kleben sie in den Stiefel und können nun den gesamten Stiefel ausschneiden.

Ergebnissicherung:
- Sitzkreis: die von den Schülern gefüllten Stiefel liegen in der Mitte.
- Kinder können sich zu ihrem Stiefel äußern, warum sie ihn so gefüllt haben.
- Stiefel können nun im Klassenraum aufgehängt werden.

Weiterführung:
- Gemeinsames Lied singen: „Lasst uns froh und munter sein" (Volksweise).
- Im Werkunterricht Stiefel aus Pappe (Toilettenpapierrollen) basteln und im Ethikunterricht mit kleinen mitgebrachten Süßigkeiten füllen, Stiefel verschenken und jemanden damit eine Freude bereiten.
- In den selbstgebastelten Stiefel kann auch ein schön gestaltetes Blatt (eingerollt) gesteckt werden, auf welchem ein Wunsch oder ein nettes Wort für einen Mitschüler aufgeschrieben ist.
- Diese Stiefel werden dann heimlich an den Platz des Mitschülers gestellt.
- In einer nächsten Ethikstunde können die Kinder darüber sprechen, was für einen Stiefel sie geschenkt bekommen haben und wie ihnen dabei zumute war.

Fächerverbindende Bezüge: D/HS/KU/MU/Werken.

S. 39 „Legende vom Nikolaus"

Von Sankt Nikolaus als dem volkstümlichsten aller adventlichen Heiligen erzählt die Legende, dass er Menschen, die in Not geraten waren, hilfreich zur Seite stand. Die Arbeitsheftseite will diese Legende erhellen und aufzeigen, weshalb Nikolaus auch der Schutzpatron der Schiffer ist.
Die Sch. erweitern ihr Wissen über Tradition und Brauchtum und erkennen den Bezug zum Brauch des Nikolausstiefels, S. 37 (Sachkompetenz).

Einstieg:
Wir wollen heute etwas von einem Mann erfahren, dessen Namenstag wir jedes Jahr am 6. Dezember begehen. Schüler stellen Vermutungen an und erzählen von ihren Erfahrungen.

Anwendung:
Gemeinsames Betrachten der Arbeitsheftseite und in einem Unterrichtsgespräch überlegen, was auf der Seite für eine Geschichte erzählt wird.
(Das Lesen des Textes unter dem Bild ist für die Kinder eine kleine Hilfe.)

Lehrervortrag:
L. liest bzw. erzählt die Legende vom Nikolaus.

St. Nikolaus und die Hungersnot (Nacherzählt)

Vor vielen hundert Jahren lebte in der Stadt Myra (in der heutigen Türkei) ein Mann, der hieß Nikolaus. Sankt Nikolaus war ein Bischof, der Menschen helfen wollte. In einem Jahr gab es keinen Regen, sodass die Erde ausgetrocknet und die Bäume verdorrt waren. Deshalb konnten die Bauern nichts ernten. Die Fischer hatten auch nur wenige Fische im Netz. Die Menschen mussten hungern. Sankt Nikolaus hungerte auch und konnte den Menschen nicht helfen. Eines Tages fuhren einige Leute aus Myra in ein anderes Land, um Korn zu kaufen. Schiffe sollten das Getreide in die Stadt Myra bringen.
Jeden Tag liefen die Bewohner von Myra zum Hafen und warteten sehnsüchtig auf die Schiffe. Alle wussten, dass sie ohne Korn sterben müssten.
Die Kinder von Myra saßen jeden Morgen in den Bäumen, um Ausschau nach den Schiffen zu halten. An einem Morgen riefen sie plötzlich: „Wir sehen die Schiffe! Die Getreideschiffe kommen!" Die Einwohner von Myra liefen voller Erwartungen zum Hafen. Doch was sahen sie da? Seeräuberschiffe sperrten den Hafen ab, so dass die Getreideschiffe nicht anlegen konnten. Ein Seeräuber kam an Land und befahl: „Gebt uns ein Boot, das bis an den Rand mit Gold gefüllt ist! Wenn ihr es nicht tut, werden wir die Kornschiffe versenken!"
Die armen Menschen von Myra hatten aber kein Geld mehr, da sie damit das Getreide bezahlt hatten. Der Seeräuberkapitän rief: „Dann gebt alle eure Kinder her, wir wollen sie als Sklaven verkaufen!" Die Eltern riefen: „Wir werden unsere Kinder niemals hergeben!" Doch manche Leute schrien: „Gebt sie ihnen! Die Kinder werden ja doch verhungern und wir alle auch! So bleiben sie wenigstens am Leben!" Die Leute rannten los, um die Kinder einzufangen. Schnell steckten die Seeräuber die Kinder ins Boot. Da rief plötzlich ein Mann vom Ufer her: „Halt, gebt die Kinder zurück! Hier habt ihr das Gold!" Es war der Bischof Nikolaus. Er trug alle Kostbarkeiten aus der Kirche in seinen Armen: Goldene Kerzenleuchter, Becher, Kreuze aus reinem Gold. Der Seeräuberkapitän ließ die Kinder frei, griff gierig nach dem Gold und fuhr mit dem Boot davon. Nun konnten endlich die Getreideschiffe im Hafen anlegen. Die Menschen von Myra waren glücklich, dass sie ihre Kinder nicht opfern mussten und das für alle Brot da war. Das verdankten sie Bischof Nikolaus, der allen geholfen hatte. Deshalb feiern viele Menschen den Nikolaustag und beschenken ihre Kinder.

Unterrichtsgespräch:
Sch. äußern sich spontan zur Legende. Im Gespräch sollte die besondere Situation der Menschen in der Stadt Myra herausgearbeitet werden und das, was Sankt Nikolaus für sie getan hat.

Szenisches Gestalten:
In Gruppenarbeit können die Sch. die Legende szenisch darstellen und dabei weitere Möglichkeiten des Ausgangs der Geschichte aufzeigen oder die Klasse führt gemeinsam die eingeübte Geschichte zur Weihnachtszeit den Eltern oder anderen Schülern vor.

Abschluss:
Die Seite kann farbig gestaltet werden bzw. man lässt die Sch. auswählen, welches Bild sie ausmalen möchten oder es werden die Bilder besonders farbig hervorgehoben, die die Lösung des Problems erkennen lassen.

Hinweis:
Farben des Bischofs:
- roter Mantel (Kragen weiß)
- goldene Mitra (gelbe Farbe)
- goldener Bischofsstab (gelbe Farbe)
- weißer Bart.

Lied: „Lasst uns froh und munter sein" (Volksweise)

Fächerverbindende Bezüge: D/HS/KU/MU.

S. 40 „Zeit der Erwartung und Stille"

Mandala ist eine optisch-symbolische Kreis- oder Vieleckdarstellung und dient Buddhisten als Hilfsmittel zur Meditation. Gleichzeitig versteht man unter Mandala auch ein Traumbild oder eine bildlich symbolische (Selbst-) Darstellung der Selbstfindung. Das Mandala ist eine zentrierende Figur, die sowohl Abgeschlossenheit, Ordnung, Ausweglosigkeit, das Eingebettetsein in eine harmonische, aber damit gerade geschlossene Lebenswelt signalisiert – hier besteht auch die Möglichkeit, durch den so genannten inneren Punkt hindurchzugehen in ein meditativ vorweggenommenes Nirwana, in ein neues Leben, wie westliche Rezeption es umschreibt. Ist der indisch-religiöse Ort der Mandalas übertragbar? Bei der Verwendung von Mandalas sollten wir uns dieses „garstigen Grabens" zwischen den Kulturen bewusst sein, denn das Mandala diente in der indischen Kreislauf-Lebenskultur dem Abschiednehmen aus diesem Kreislauf in eine ewige Ruhe hinein. Solche Hintergründe müssen uns bewusst bleiben, wenn wir Mandalas in unsere Lebenskultur einbauen.
Diese Arbeitsheftseite bietet eine gute Möglichkeit, meditative Elemente in den Unterricht (15–20 Min.) zu integrieren. Durch den Einsatz kann es zu einer ruhigen und entspannten Situation kommen.

Arbeitshinweise:
- Im Vorfeld sollten die Kinder erfahren, was Ziel dieser Arbeit ist;
- Filz-, Bunt- oder Wachsmalstifte sind zum Ausmalen geeignet;
- Hinweis, dass nur die eigenen Stifte verwendet werden, um Störungen während der Arbeit zu vermeiden;
- generell sollte das Sprechen beim Ausmalen vermieden werden;
- bei der Farbwahl sollen sich die Kinder auf 3–4 Farben beschränken, da die Mandalas meist schon sehr formenreich sind;
- Mandalas beginnt man von innen zu malen;
- mit einer leisen und besinnlichen Musik kann nun die meditative Phase beginnen.

Auswertung:
- Im Anschluss dürfen die Sch. ihre Arbeiten zeigen und über ihre Befindlichkeiten und Eindrücke sprechen (die Arbeiten können in der Klasse ausgestellt werden).

Diese Form der aktiven Entspannung macht den Sch. in der Regel viel Spaß und ist eine gute Einstimmung oder ein guter Abschluss für eine Unterrichtsstunde.

Weiterführung:
- Mit einem Tropfen Öl wird das Mandala transparent und kann als Fensterbild verwendet werden.
- Mandala aus Naturmaterial selbst legen (Blüten, Früchte, Blätter, Zweige).

Fächerverbindende Bezüge: D/HS/KU/MU/Werken.

S. 41 „Wünsche zu Weihnachten"

Neben den ganz persönlichen Wünschen zum Weihnachtsfest, für die diese Arbeitsheftseite ein Darstellungsanlass sein kann, werden bei Kindern oft auch „große" Wünsche ganz „klein", wenn sie für die Nöte anderer Kinder sensibilisiert werden.

Einstieg:
Sitzen im Stuhlkreis. Gemeinsames Singen eines Weihnachtsliedes, welches „Wünsche" assoziieren kann („So viel Heimlichkeit ..."). Während des Singens Aufspannen einer Schnur quer durch das Klassenzimmer. Anklammern eines Blattes, auf dem geschrieben steht: „Wünsche zu Weihnachten".

Unterrichtsgespräch:
- Was sind Wünsche?
- Gibt es zum Weihnachtsfest vielleicht besondere (geheime, wichtige) Wünsche?
- Wie kann man seine Weihnachtswünsche übermitteln (Gepflogenheiten, wie Briefe an den Weihnachtsmann, Wunschzettel und ihre Übermittlung, Weihnachtspostkarten auf dem Weihnachtsmarkt)?

Einzelarbeit:
- Jedes Kind fertigt seinen Wunschzettel an, indem es einige seiner Weihnachtswünsche in die Kerzenflammen hineinschreibt, -malt oder klebt (Wichtig: geheime Wünsche brauchen nicht gezeigt werden). Dazu erklingen Weihnachtslieder („Sind die Lichter angezündet" u. a.).
- Anschließend werden die Wunschzettel angeklammert.

Unterrichtsgespräch:
- Gemeinsames Betrachten der Wunschzettel. Gespräch über die Wünsche, Suche nach den Begründungen.
- Wer hat einem anderen etwas gewünscht? Warum?
- War es schwierig, einem anderen etwas Gutes zu wünschen?

Die Schnur mit dem Wunschzettel bleibt bis nach dem Weihnachtsfest hängen.

Ausblick:
Ob unsere Wünsche wohl erfüllt werden? Ob wir dafür etwas tun können?
Einsatz des Wunschzettels in Verbindung mit der Geschichte „Der kleine Struppige mit den Feenaugen".

Der kleine Struppige mit den Feenaugen

Josse ist 8 und wünscht sich einen Hund – schon immer. Heute ist Weihnachten, aber Josse weiß, dass er wieder keinen Hund bekommt. „Weihnachten kann mir gestohlen bleiben!", ruft Josse und zieht sich seine Gummistiefel an. Er stampft durch die stillen Vorstadtstraßen. Hinter manchen Fenstern leuchten schon die Kerzen. Josse bohrt seine Fäuste in die Hosentaschen und rennt auf die verwilderte Wiese mit den Korbweiden am Bach.
Josse wirft zornig einen Stein an die hohe Weide. „Wolltest du mich etwa treffen?", fragt jemand empört. Josse sieht sich um. Niemand da, der so etwas fragen könnte. Aber aus der hohlen Weide zwängt sich ein Hündchen: nicht einmal halb erwachsen. Josse starrt es verblüfft an. „Du fürchtest dich wohl?", kichert das Hündchen. „In der Weihnachtszeit können die Tiere sprechen – nur, wer weiß das schon!"
Das Hündchen schnüffelt an den Gummistiefeln und bellt. „Warum sitzt du denn in der hohlen Weide?" fragt Josse. „Ich hoffe, dass jemand vorbeikommt und mich zu Weihnachten verschenkt!" Der Struppi kratzt sich das Ohr. „Bist du etwa ausgerückt?" Josse sucht nach einem Halsband. Aber das ist keines. „Ich gehöre mir nur selbst!" stottert der Hund verlegen. „Niemand will mich haben. Vier Geschwister – und alle so verschroben!" Josse nimmt den Hund auf den Arm. Zugegeben, er gehört keiner bekannten Rasse an. Aber er hat blaue Feenaugen – und Josse denkt: Das ist genau der Hund, den ich mir gewünscht habe. Das Hündchen marschiert neben Josse her, den Schwanz in die Luft gereckt. Plötzlich überfällt Josse eine unbändige Freude. Da neben ihm läuft sein Hund!
Im Flur wartet schon die Mutter.
„Ich habe mir mein Weihnachtsgeschenk aus der hohlen Weide geholt", erklärt Josse verlegen. Die Mutter sieht nur den Struppigen mit den Feenaugen. Josse setzt den Hund schnell unter den Weihnachtsbaum. „Sag doch was", flüstert Josse ihm zu. Aber der winzige Hund springt nur an der Mutter hoch und wedelt mit seinem schnurdünnen Schwänzchen. Das sieht so komisch aus, dass die Mutter lachen muss. Der Hund zwinkert Josse zu. „Gewonnen!" knurrt er leise. „Weihnachten ist herrlich!" ruft Josse und stopft dem Struppigen einen Pfefferkuchen ins Maul.
Seitdem sind Josse und der Struppige unzertrennliche Freunde – aber der Hund spricht kein Wort mehr.
Und doch – Josse hofft auf die nächste Weihnachtsnacht. Ich denke, jeder weiß warum.

Frage: Könnt ihr euch denken, warum Josse auf die nächste Weihnachtsnacht hofft?
- **Lehrervortrag** bis: „Da neben ihm läuft sein Hund!"; Vermutungen darüber anstellen, wie die Geschichte wohl weitergehen wird; Sch. zeichnen das Ende der Geschichte und hören danach die Geschichte zu Ende und vergleichen.
- Sprechen über die Freundschaft zu einem Tier, die Verantwortung ihm gegenüber, seine Haltung und Pflege.

Zusatzmaterialien:
- Illustrierte, Kataloge, Weihnachtslieder bzw. weihnachtliche Musik,
- Adressen der „Weihnachtspostaußenstellen" in Deutschland:
  Himmelsthür in 31137 Hildesheim, St. Nikolaus in 66325 Großprosseln, Nikolausdorf in 49681 Garrel, 21709 Himmelpforten, 97267 Himmelstadt, 51766 Engelskirche, 16798 Himmelpfort.

Fächerverbindende Bezüge: D/HS/KU/MU.

S. 42 „Weihnachtsgeschichte"

Die überlieferte Weihnachtsgeschichte hat biographischen Anspruch und dient der Legitimation des irdischen, sogenannten historischen Jesus als Sohn Gottes. Volksbräuche und Assimilation heidnischer Traditionen haben die biblische Tradition im Laufe der Jahrhunderte in vielfältiger Weise überlagert. Die Kinder werden mit den biblischen Orten der Weihnachtsgeschichte bekanntgemacht.

Einstieg:
Singen eines Weihnachtsliedes, das der regionalen und familiären Tradition und den Wünschen der Kinder und des Lehrers entspricht.

Übung:
Zwei oder mehr Kinder spielen gemeinsam das Würfelspiel auf der Arbeitsheftseite. Wenn sie beim Spiel auf ein Bildfeld kommen, sollen sie eine Geschichte zu dem Bild erzählen; erst dann dürfen sie die Spielfigur weiter bewegen.

Auswertung:
Mit den Kindern wird nach den Spielerfahrungen gemeinsam überlegt, warum sie bei manchen Bildfeldern schneller zur Krippe vorrücken, bei anderen Bildfeldern wiederum nur mit Verzögerungen die

Krippe erreichen dürfen. Wie in der Weihnachtsgeschichte eilen sie zwischen zwei Arten von Königen hin und her: den Königen der Mächtigen und dem König, auf den die Kleinen ihre Hoffnung setzen.

Fächerverbindende Bezüge: D/HS/KU/MU.

S. 43 „Rätsel zum Fest"

(Diese Seite ist bevorzugt für den Einsatz in der 2. Jahrgangsstufe geeignet.)
Das Rätseln zum Weihnachtsfest erhöht die Spannung auf diesen Höhepunkt im Jahr.

Einstieg:
Sitzen/Spielen im Stuhlkreis. Gemeinsames Hören/Singen von Weihnachtsliedern (Vorfreude auf den Weihnachtsmann), z. B. „Bald nun ist Weihnachtszeit" von Carola Wilke/Hans Helmut; „Morgen kommt der Weihnachtsmann" von Heinrich Hoffmann von Fallersleben, nach dem französischen Volkslied: „Ah vous diraije, Mamam".
Das Hören/Singen wird ergänzt durch darstellendes Spiel.

Einzel- oder Partnerarbeit:
Was ist im Sack versteckt?
Versucht, das Rätsel zu lösen! Ihr könnt mit eurem Nachbarn zusammenarbeiten. Hilfestellung geben euch die Bilder.
Wer das Rätsel richtig gelöst hat, kann von oben nach unten ein Lösungswort („WEIHNACHTSMANN") lesen. Wer dann die Zahlen aufsteigend verbindet, hat die Person auch abgebildet.

Unterrichtsgespräch:
Zum Weihnachtsrätsel lassen sich zahlreiche Sprechanlässe nutzen.
- Einige Elemente aus dem Rätsel sind symbolisch für Weihnachten und Winterfreuden: Pfefferkuchen, Krippe, Schnee, Engel, Stern, Tannenbaum, Heiligabend. Eher regional mit dem Weihnachtsfest und eng mit dem „sächsischen Weihnachtsland Erzgebirge" in Verbindung stehen: Schwibbogen, Pyramide, Nußknacker, Räuchermann, Stollen, Bergmann und Pflaumentoffel.
- Gibt es für dich/für deine Familie weitere Weihnachtssymbole?

Einzelarbeit:
Malt den Weihnachtsmann aus! Hört zu und summt/singt leise die Lieder zum Fest mit!

Weiterführung:
- Wenn du von Weihnachten träumst, kommen dann einige dieser Symbole in deinen Träumen vor? Zeichne solch eine Traumgeschichte auf! Stellt eure Traumbilder zum Weihnachtsfest aus! Gestaltet euer Klassenzimmer mit diesen und euren eigenen Symbolen zum Fest weihnachtlich aus!
- Gestaltet und spielt mit den Elementen des Weihnachtsrätsels eure „Weihnachtsgeschichte"!
- Ladet die Eltern/Großeltern/eure Geschwister zu einem gemeinsamen Nachmittag in der Weihnachtszeit ein!
- Anderswo auf der Welt feiern die Menschen anders Weihnachten und es bringen andere die Gaben zum Fest. Findet das heraus! Malt und sammelt Geschichten/Bilder davon!

Zusatzmaterialien:
Weihnachtslieder bzw. weihnachtliche Musik.

Fächerverbindende Bezüge: D/HS/KU/MU/Werken.

S. 44 „Frühlingserwartung"

Im Vorfeld der Bearbeitung dieser Seite sollte ein Unterrichtsgang mit kleinen Beobachtungsaufträgen durchgeführt werden (siehe Arbeitsheft S. 33 „November"). So haben die Sch. die Möglichkeit, die erwachende Natur mit allen Sinnen wahrzunehmen. Sie können die Schönheiten und Geheimnisse der Natur erkennen und ihre Beobachtungen und Empfindungen kreativ umsetzen. Ein Vergleich mit S. 33 bietet sich an, um den Kindern noch einmal Werden und Vergehen in der Natur zu verdeutlichen.

Einstieg:
Gemeinsames Wahrnehmen und Erleben in der erwachenden Natur:
Frühlingsspaziergang; Frühblüher entdecken; wenn möglich, daran riechen lassen; Vögel beim Nestbau beobachten; auf Geräusche in der Natur lauschen; Frühlingsbild mit Dingen aus der Natur malen (z. B. Gras, Erde, Blütenteile); Frühlingslieder singen.

Erarbeitung:
Gemeinsames Betrachten der Arbeitsheftseite. Die Schönheit der Natur erkennen unter Einbeziehung der Erlebnisse, die die Sch. während des Unterrichtsganges hatten bzw. aus ihrer Erfahrungswelt mitbringen.

Einzelarbeit:
Sch. vervollständigen im Arbeitsheft ihre Frühlingslandschaft, entsprechend den Erlebnissen und Erfahrungen, die sie in der Natur gemacht haben. (Verwendung von verschiedenen Arbeitsmaterialien und Arbeitstechniken ist hier angebracht, um das reine Ausmalen zu vermeiden.)

Ergebnissicherung:
Sch. treffen sich im Stuhlkreis (in der Mitte könnte ein Frühlingsstrauß stehen) und stellen ihre Frühlingslandschaft vor; dabei sollten sie erklären, was sie ergänzt haben und warum ihnen das wichtig war und die Schönheit und der Schutz der erwachenden Natur sollten von den Kindern erkannt werden.

Abschluss:

– Gemeinsames Singen eines Frühlingsliedes, z. B. „Jetzt fängt das schöne Frühjahr an“ (Volkstümlich); „Kuckuck, Kuckuck“ (Hoffmann von Fallersleben/ Weise: aus Österreich); „Es tönen die Lieder“ (Kanon, Volkstümlich aus dem 19. Jh.); „Winter ade“ (Hoffmann von Fallersleben/Weise: volkstümlich).

Hausaufgabe:

Beobachtet, was und wer der Natur schadet. Malt oder schreibt es auf.

Fächerverbindende Bezüge: D/HS/KU/MU/Werken.

S. 45 „Osterboten“

Ostern wird seit Menschengedenken nach dem 1. Vollmond nach Frühlingsanfang gefeiert. Die bei uns üblichen Osterbräuche sind germanischen, das eigentliche Fest selbst ist jüdischen und das Datum christlichen Ursprungs. Die Arbeitsheftseite zeigt in Verschlüsselung Ostersymbole, deren Sinn und Bedeutung mit den Kindern zu erschließen sind.

Einstieg:

Das Gedicht „Da tummeln sich im Grünen“ wird vollständig, dann abwechselnd und schließlich mit verteilten Rollen im Stuhlkreis gelesen/gespielt.

Da tummeln sich im Grünen

Herr Theodor , der Rabe,
kriegt einen sanften Blick.
Ihm scheint auf seinen Birnbaum
die Sonne ins Genick.

Da schwingt er sich vom Aste,
fliegt fort, so schnell er kann,
und klopft auf einem Roggenfeld
bei einer Wühlmaus an.

Die Wühlmaus Mimi Meier
ist gar nicht sehr erbaut,
weil sie dem Raben Theodor
aus gutem Grund mißtraut.

Doch Theodor sagt leise
und voller Höflichkeit:
Verzeihen Sie, die Sonne scheint,
und Ostern ist nicht weit!

Eiwei piept Mimi Meier.
Sie schlüpft in ihren Bau
und putzt sich für die Osterzeit
wie jede andre Frau.

Dann huscht sie durch die Gänge
in flinkem Mauselauf
und sucht, weil nun bald Ostern ist,
den Bau des Hasen auf.

Hans-Benjamin, der Hase,
wacht auf und macht hatschie.
Er rümpft die Nase siebenmal
und fragt: Was wünschen Sie?

Die Wühlmaus Mimi Meier
ruft: Ach du liebe Zeit
die Sonne scheint, Hans Benjamin,
und Ostern ist nicht weit.

Wie? Was? Es ist schon Ostern?
Empfehl mich, mit Verlaub!
Dann springt er wie ein Blitz davon,
und Mimi schluckt den Staub.

Hans-Benjamin, der Hase,
läuft zickzack auf dem Feld,
schießt Purzelbaum im Sonnenschein
und freut sich an der Welt.

Er springt zu allen Hasen,
schlüpft in den Bau und schreit:
He, aufgewacht! Die Sonne scheint,
und Ostern ist nicht weit!

Da tummeln sich im Grünen
die Hasen, fern und nah.
Und plötzlich weiß die ganze Welt:
die Osterzeit ist da.

Lehrervortrag:

Warum feiern wir Ostern? Darstellung der christlichen Auferstehungsbotschaft. Gleichzeitig Verweis auf die heidnische Herkunft mancher Osterbräuche.

Einzelarbeit:

Finde die Osterboten, indem du das Mosaikbild ausmalst! Welche Osterboten erkennst du? (Ostereier; Osterglocke (Hyazinthe); Osterhase; Osterlamm; Osterwasser aus der Quelle; Osterreiter; Osterküken; Ostergras.)

Unterrichtsgespräch:

– Sprechen über die dargestellten Osterboten.
– Ostereierbemalen, Osterwasserholen, Osterreiten und das Eierrollen sind in Sachsen besonders lebendige Osterbräuche, die hier gerade vom kleinsten slawischen Volk, den Sorben, lebendig gehalten werden.

Arbeit im Stuhlkreis:

Auch das sorbische Volk besitzt einen reichen Schatz an schönen Volksliedern zum Osterfest. Lernt und spielt das folgende Lied!

Wo ist das bunte Schleifenband

1. Wo ist das bunte Schleifenband,
damit ichs heute trag?
Wer führt die Fahne übers Land
am frohen Ostertag?
2. Wo bist du, Rößlein, freust du dich
auf deinen Osterritt?
Die Sonne hebt in Sprüngen sich,
und du darfst springen mit!
3. Wo quillt der klare Osterquell,
der Vieh und Menschen frommt?
Wer bringt ihn schweigend mir und schnell,
bevor die Sonne kommt?
4. Wo sind die Eier, buntbemalt,
recht groß und auch recht viel?
Wer spielt mit mir am Hang im Wald
das schöne Spiel?

Handrij Zejler/Korla Awgust Kocor; dt. Kito Lorenc.

Weiterführung:
- Ausgestaltung des Klassenraumes (Frühlingsfarben und mit den Ostersymbolen).

Fächerverbindende Bezüge: D/HS/KU/MU/Werken.

S. 46 „Guo Shuang aus China"

Die Stärkung des Selbstbewusstseins dient auch der angstfreieren Wahrnehmung und damit der Akzeptanz von Fremden. Ziel dieser Arbeitsheftseite ist es, bei den Kindern die Neugier und die Hochachtung für Kinder in fremden Kulturen zu wecken. Indem der den Kindern selbst bekannte Lebensausschnitt der Schule gewählt wird, kann ein Sich-Einfühlen in fremde Kulturen bei den Kindern angebahnt werden.

Einstieg:
L. präsentiert die Geschichte von Guo Shuang ohne deutsche Übersetzung (z. B. auf Folie kopiert und mit Tageslichtprojektor an Wand projiziert). Sch. finden spontan bei längerem Betrachten identische Zeichen und dürfen diese in derselben Farbe umkreisen.
Kinder bringen ihr Vorwissen über China, chinesische Schriftzeichen usw. ein.
L. verrät, dass die Geschichte von einem Mädchen namens Guo Shuang handelt. Er schreibt die lateinischen Buchstaben und die beiden chinesischen Schriftzeichen – die Kinder finden die anderen Zeichen für Guo Shuang.

Erarbeitung:
Erst jetzt löst L. die Spannung über den Inhalt des chinesischen Textes und lässt die Arbeitsheftseiten aufschlagen. In Partnerarbeit vergleichen und umkreisen die Kinder die Schriftzeichen und ergänzen den deutschen Text.

Differenzierung:
Sch. üben einzelne Schriftzeichen und lassen sie von Mitschülern erraten.

Vertiefung:
Stäbchenspiel: Pro Spielgruppe werden 10 Stäbchen (Streichhölzer, Zahnstocher, Grillspieße u. ä.) und 1 Ball (Tischtennisball, Styroporkugel, Würfel u. ä.) benötigt.

Hausaufgabe:
Sch. lernen bis zur nächsten Ethikstunde 3 chinesische Schriftzeichen auswendig und lassen sie von Mitschülern erraten. Kinder können Fotos von Kindern aus anderen Ländern zu einem Fries zusammenkleben oder einer Weltkarte mit Bildfäden zuordnen.

Fächerverbindende Bezüge: KU/D.

Wir in der WELT

Klasse 1/2

Im Zentrum dieses Lernbereichs steht eine sensibel angeleitete Begegnung des Kindes mit naturhaften Elementen und Vorgängen seiner Umwelt. Dabei geht es zunächst um die Förderung einer aufmerksamen Wahrnehmung, die in Erstaunen und Wertschätzung für die Einzigartigkeit jedes Lebewesens in einer harmonierenden Vielfalt mündet. Darauf aufbauend gilt es, Erfahrungen in und mit der Natur zu bedenken und zu verknüpfen, um Einsichten über die Verbundenheit des Menschen mit natürlichen Abläufen, mit Tieren und Pflanzen zu gewinnen und allmählich Verantwortungsbereitschaft zu entwickeln. Diesem Ziel gemäß wird der Ethikunterricht des Öfteren im Verbund mit einem jahreszeitlich orientierten Sachunterricht arbeiten, wobei jeder Bereich seinen Akzent innerhalb des Sinngefüges setzt. Liegt das Gewicht des Sachunterrichts eher auf dem Erwerb von Kenntnissen über eine Naturerscheinung oder einen Vorgang, so wird der Ethikunterricht das Augenmerk auf die emotional und zunehmend auch rational geprägte Beziehung des Kindes zum Gegenstand richten. Beides ist wesentlich für die Ausprägung eines empfindsamen und bedachten Umgangs mit der natürlichen Lebenswelt.

Die Inhalte der Arbeitsblätter stützen sich auf mögliche Erfahrungsmomente in der Umwelt der Kinder, die entweder erinnert oder dem Erleben zugänglich gemacht werden sollen.
Die Schule kann eine Kontaktaufnahme zur Mitwelt überzeugend und wirkungsvoll unterstützen, wenn sie selbst ökologisches Lernen zulässt und verantworteten Umgang mit der Natur zu leben bereit ist. Deshalb sollte sie häufig Gelegenheiten bieten, Erlebnisfähigkeit, Wertbewusstsein sowie Urteils- und Handlungsfähigkeit zu erwerben und zu entfalten. Der integrative Ansatz *Ethik und Unterricht im Schulgarten* ist mit diesen Arbeitsblättern gut zu verbinden.

S. 47 „Schön ist es, auf der Welt zu sein"

Der Schmetterling zieht durch seine Farbenpracht und sein schwereloses Flattern unsere Bewunderung auf sich. Oft wird er als Sinnbild für Leichtigkeit und Lebensfreude gebraucht. Die Seite möchte thematisch das Kapitel einleiten und das Augenmerk auf die bewundernswerte Vielfalt und Harmonie des Lebens in der Natur lenken.

Hinführung:
Der Besuch einer frühsommerlichen Wiese regt die Sch. zum Gespräch über das Leben von Pflanzen und Tieren dort an. Sicher werden dabei auch viele krabbelnde und fliegende Insekten genannt. Das Bild auf dem Arbeitsblatt kann die Erlebnisse aktualisieren.

Erarbeitung:
L. oder ein Kind tragen nun die ersten beiden Strophen vor. Sch. stellen erste Vermutungen an, dann können die beiden folgenden Strophen vorgelesen werden.

> Keinen Frosch kann ich besiegen.
> Ganz gering ist mein Gewicht:
> Wenn ich auf den Blüten sitze,
> biegen sich die Stiele nicht.
>
> Wenn ich durch die Lüfte fliege,
> ists, als flög ein Blatt dahin.
> Aber schön sind meine Flügel.
> Und nun sag mir, wer ich bin.
>
> © Josef Guggenmos

Durch die direkte Ansprache im Rätsel und das Bild fühlen sich die Sch. zum Erzählen, vor allem aber zum ästhetischen Gestalten aufgefordert. Dafür gibt es mehrere Umsetzungsmöglichkeiten.

Bildliches Gestalten:
Gut geeignet ist die Technik des Klecks-Falt-Bildes, die durch ihre zart verschwimmenden Farben und den wie zufällig entstehenden Formenreichtum die Sch. besonders motiviert. DIN A 6-Blättchen werden in der Mitte gefaltet und auf einer Hälfte nahe der Mittellinie mit Wasserfarben bekleckst; dann werden beide Hälften aufeinander gedrückt und wieder aufgefaltet. Die entstandenen symmetrischen Formen (nicht alle werden einem Schmetterling ähneln, vgl. Arbeitsheft S. 9) dürfen getrocknet mit einen zarten Umriss versehen und, wiederum gefaltet, ausgeschnitten werden. Ein geeignetes Exemplar wird in die Gräser der Arbeitsheftseite geklebt; die anderen Versuche finden vielleicht an anderer Stelle eine würdige Verwendung, z. B. auf Grußkarten oder Briefbögen, zur Verschönerung von Schulheften, Gedichtblättern und Muttertagsgeschenken.

Fächerverbindende Bezüge: D/HS/KU/Werken.

Weiterführung:
MC: „Komm mit zur Quelle". Erzählende Texte und lautmalerische Musik laden ein, mit der Fantasie auf Reisen in die Schönheit auf der Welt zu gehen. Wolfgang Peplo/Ludger Edelkötter. IMPULSE-Musikverlag 1989.

S. 48 „Der Regenbogen"

Thema dieser Arbeitsheftseite ist der Regenbogen als Naturerscheinung und als Symbol. Sicher kann er als ein Urerlebnis des Schönen und der Vermittlung zwischen widerstreitenden Elementen gelten. Für jedes Kind und manchen Erwachsenen ist das auftauchende Farbenspiel ein Ereignis, das innehalten lässt, das jedesmal Staunen und Bewunderung hervorruft und Lust macht, mit Farben zu spielen.

Hinführung:
Als Erzählanregung können Überschrift und Bildansatz der Seite durch ein kleines Gedicht ergänzt werden (L.vortrag).

> **Der Regenbogen**
>
> Ein Regenbogen,
> komm und schau!
> Rot und orange,
> gelb, grün und blau!
>
> So herrliche Farben
> kann keiner bezahlen,
> sie über den halben
> Himmel zu malen.
>
> Ihn malte die Sonne
> mit goldener Hand
> auf eine wandernde
> Regenwand.
>
> Josef Guggenmos
> Aus: Was denkt die Maus am Donnerstag? Beltz & Gelberg, Weinheim 1998. © Josef Guggenmos

Erarbeitung 1:
Nun wird zunächst die obere Blatthälfte bildlich gestaltet. Malend können die Kinder an ihre bisherigen Erfahrungen anknüpfen. Pastellkreide oder Aquarellstifte sind, wenn verfügbar, besonders geeignet. Aber auch mit Buntstiften läßt sich das Blatt eindrucksvoll durch Elemente einer kindgemäßen Vorstellung gestalten, so wie es der Text anregt.

Erarbeitung 2:
- Wenn auf diese Weise die dunkle Regenseite links mit der Sonnenseite rechts verbunden ist, kann im Unterrichtsgespräch der Schritt auf die Ebene der symbolischen Bedeutung versucht werden. Ausgangspunkt kann ein Erlebnis sein, bei dem gegensätzliche Interessen in der Klassengemeinschaft eine versöhnliche Lösung fanden. Ebenso möglich ist ein Erlebnis, an dem die Kinder durch Erzählen oder Vorlesen teilhaben.
- Fortsetzung des Bildlichen Gestaltens mit verschobenem Akzent: Unter den Regenbogen sollen abschließend die streitenden Parteien gemalt werden, die mit einer Geste der Verbundenheit zeigen, dass „alles wieder gut ist". Damit kommt über die Unausweichlichkeit von Interessenkonflikten hinweg das elementare menschliche Bedürfnis nach Wie-

dergutmachung und seine Fähigkeit zur Versöhnung zu ihrem Recht.
Vgl. auch Kommentar zu Arbeitsblatt „Streiten und Versöhnen" auf S. 14.

Fächerverbindende Bezüge: D/HS/KU.

S. 49 „Wasser"

Einstieg:
Nach einem Gang zu einer Quelle, einem Fluss, einem Brunnen kann der unterrichtliche Einstieg in das Thema „Wasser" mit Hilfe des Liedes „Wasser braucht der Wasserfloh" von Reinhard Lakomy geschehen. (Auf: MC, CD „Der Wasserkristall". R. Lakomy/M. Ehrhardt, by Polydor, Berlin 1992.)

Wasser braucht der Wasserfloh

Wasser braucht der Wasserfloh
und das Nilpferd ebenso.
Wasser braucht der Wasserhahn,
dass sich jeder waschen kann,
und am Baum ein jedes Blatt
wächst nur, wenn es Wasser hat.
Wasser braucht die ganze Welt,
weil das sie am Leben hält.
Wasser, Wasser, klar und hell,
Wasser, Wasser, Lebensquell,
viele tausend Wasser
fließen fern und nah,
Wasser ist für alle,
ist für alle da.

Partnerarbeit:
Zur sinnlichen Wahrnehmung des Wassers wird auf jede Bank eine kleine Schüssel mit Wasser gestellt. Die Kinder können sich gegenseitig das Wasser auf den Arm tröpfeln, einklopfen, verreiben, wegpusten, die Tropfen vom Arm rollen und alles trocknen lassen. Danach sollen sie sich darüber äußern, wie sich das Wasser auf der Haut anfühlt.

Unterrichtsgespräch und Ergebnissicherung:
Alle Kinder können Erfahrungen über die Notwendigkeit von Wasser für Mensch, Tier und Pflanze beisteuern und wissen über die Wirkung von Durst zu berichten. Nach dieser Gesprächsgrundlage kann das Arbeitsblatt durch Malen oder Kleben gestaltet werden.

Fächerverbindende Bezüge: D/HS/MU.

S. 50 „Luft erleben"

Unmittelbarer noch als der Mangel von Wasser führt der Mangel von Atemluft beim Menschen zu Todesangst. Der Anspruch auf reine Atemluft ist daher Bestandteil des Grundrechtes auf Unversehrtheit. Es dürfte zu den meistverletzten Grundrechten gehören, wobei sich kein Mitglied einer industrialisierten Gesellschaft von der Mitverantwortung ausschließen kann.

Einstieg:
- Gemeinsames Wahrnehmen der eigenen Atembewegungen. Sch. können den Brustkorb sich heben und senken sehen und ihre Hände auf Brust und Rücken eines Mitschülers legen. Danach sollte ein erster Erfahrungsaustausch erfolgen.
- Gemeinsame Entspannungsübungen im Sitzkreis mit leiser Hintergrundmusik.
- Redensarten prüfen:
  - Sie ist Luft für mich …
  - Es herrscht dicke Luft …
  - Ich gehe gleich in die Luft …
  - Etwas aus der Luft greifen …

Erarbeitung:
Daraus entwickelt sich die schrittweise Erarbeitung der vier Bildstationen des Arbeitsblattes, mit denen einzelne Aspekte des Themas besonders hervorgehoben werden:
- *Ohne Luft?* Babys bewegen sich im Wasser, als sei es (noch) ihr ureigenstes Element. Auch Kinder und Erwachsene verspüren im Wasser eine Entlastung von Körpergewicht und Bodenhaftung. Dennoch birgt der Aufenthalt im Wasser Gefahren. Es ist eben nicht unser Lebenselement, denn wir sind nicht dafür ausgerüstet wie einzelne lungenatmende Säugetiere, viele davon Favoriten menschlicher Zuneigung.
- *Frische Luft!* und *Dicke Luft!* können mit den Ergebnissen einer Schnupperwanderung oder vergleichbaren Erfahrungen ausgefüllt werden. Dabei sind voneinander abweichende Gestaltungen durchaus sinnvoll.
  Es ist unter Umständen angebracht, den Kindern zu vermitteln, dass atemluftbelastende Verkehrsmittel nicht nur für andere Leute unterwegs sind.
- *Luft weg …?* Der verharmlosend als „Schwitzkasten" bezeichnete Würgegriff zielt auf direkte Verhaltenssteuerung. Jeder Versuch, einen Gegner zu ersticken, ist schlimm! Niemand darf das tun oder dabei zusehen! Die Ergänzung des Fotos durch Denk- und Sprechblasen hilft, bedeutsame Gefühle festzuhalten. Es gibt Regeln für einen fairen Ringkampf, die hier zur Sprache kommen können. Es sind darüber hinaus wichtige Lerninhalte, sich einzumischen und unfair Bedrängten zur Hilfe zu kommen. Hier können Fallanalysen und Rollenspiel helfen, Möglichkeiten aufzuzeigen um mehr Verhaltenssicherheit zu schaffen.

Fächerverbindende Bezüge: D/HS/MU/Sport.

S. 51 „Vier Mäuse teilen sich das Jahr"

Das Blatt basiert auf dem inzwischen zum Klassiker avancierten Kinderbuch „Frederick" von Leo Lionni.

Dargestellt wird eine Familie von Feldmäusen, die im Herbst Vorräte für den Winter sammelt. Nur Frederick beteiligt sich nicht an dieser Arbeit. Er sammelt Farben, Sonnenstrahlen und Wörter, um damit die Mäuse in der kalten und kargen Winterzeit zu erfreuen. Die Familie erkennt seinen Beitrag an, indem sie seinen Erzählungen und seinem Lied über die Eigenarten der Jahreszeiten lauscht. Die Geschichte bringt auf schöne und einfache Weise zum Ausdruck, dass (auch) der Mensch nicht nur vom Brot allein lebt.

Erarbeitung:

- Material: Einige Medienstellen bieten Buch, Kassette, Dias oder einen Trickfilm zum Ausleihen an.

Die Geschichte von Frederick auf Kassette hören, die Geschichte vorlesen oder die Dias ansehen und erzählen.
Gegenstand des Arbeitsblattes ist das kleine Gedicht von den vier Jahreszeitenmäusen. Erfahrungsgemäß mögen Kinder das Lied (auf MC „Frederick" von F. Vahle) sehr gern mitsingen und können dann Jahreskreis und Lückentext entsprechend füllen. Mit oder ohne MC etc. helfen die Ausschneidebilder auf S. 61 im Arbeitsheft dabei. Evtl. können auch vier Wortkarten (für einen entsprechenden Tafeltext) behilflich sein: Frühlingsmaus, Sommermaus etc. Bei Vorlage der Geschichte „Frederick" kann abschließend der Text gelesen, bei Vorlage der MC gesungen werden.

Weiterführung:

- Im Unterrichtsgespräch werden viele eigene Erfahrungen über die Jahreszeiten hinzukommen, die bei der Ausgestaltung eines weiteren, individuell geprägten zusätzlichen Blattes einfließen können.
- So können z. B. Bilder von den Entwicklungsstadien der Sonnenblume (Kern, kleine Pflanze, volle Blüte und verwelkte Sonnenblume) den Jahreszeiten zugeordnet werden.
- Lied: „Immer wieder kommt ein neuer Frühling" von Rolf Zuchowski auf MC/DC „Die Jahresuhr" eignet sich sehr, um das Thema abzurunden.
- Basteln von verschiedenen Mäusen; Gestaltung eines Wandfrieses.

Fächerverbindende Bezüge: D/HS/KU/MU.

S. 52 „Pflanzen hegen und pflegen"

S. 53 „Der Knirps am Acker"

Viele Pflanzen in der Umwelt unserer Kinder sind so genannte Kulturpflanzen, das heißt, ihr Standort und ihr Wachstum sind von menschlicher Planung und Nutzung beeinflusst. Die Pflanzen sind von natürlichen Bedingungen, aber in erheblichem Maß auch von unserer Pflege und Vorsorge abhängig. Diese Aufwendungen sind keineswegs uneigennützig zu leisten, vielmehr stellen Pflanzen einen großen Anteil unserer Nahrung und bestimmen entscheidend die klimatischen Verhältnisse mit. Sie erfreuen zudem Auge und Gemüt und dienen deshalb als Zierde und Gestaltungsmittel in unserer Wohnumgebung.
Der existentielle Zusammenhang zwischen menschlichem und pflanzlichem Leben soll mit Hilfe der beiden Arbeitsblätter den Kindern näher gebracht werden.

Hinführung:
Hier ist der Ethikunterricht auf einen handlungsorientierten Sachunterricht angewiesen. Keim- und Wachstumsversuche, z. B. mit Bohnen, Beobachtung und Tätigkeit im Garten, in Feld und Wald sind unverzichtbar (vgl. Arbeitsheftseite 32).

Erarbeitung:
Die Seite 52 fordert zunächst dazu auf, Erlebtes zu bedenken und auszutauschen, um danach mit wenigen Stichworten die Bedeutung und den Wert der Pflanzen zu benennen (z. B. Nahrung, Atemluft, Bodenanker, Wasserhaushalt, Freude, Zierde). Das symbolträchtige Bild kann, individuell ausgestaltet, eine Verankerung des Anliegens „Pflanzenschutz" im Denken und Handeln der Kinder fördern helfen.
Die Seite 53 soll eine der zuvor bedachten Funktionen, nämlich das Hervorbringen der Grundstoffe unserer Nahrung, vertieft behandeln.
Bild und Sprechblasentext können zunächst von den Sch. selbstständig erschlossen werden. Sie äußern sich dazu im Unterrichtsgespräch. Das Bild vom frisch gepflügten Acker, der vom Knirps angesprochen wird, verlangt nach Ergänzung durch die Kinder. Es stützt sich auf die kleine Geschichte von Max Kruse, nach der es ausgeführt werden kann. Der Text ist nach Art und Umfang auch zum Selbsterlesen durch die Kinder geeignet, wenn er in eine entsprechende Schrift gesetzt wird.

Vom Acker

Der Knirps saß an einem Acker. Die Furchen dampften. „Nichts wie Dreck!", sagte der Knirps. „Oder willst du vielleicht behaupten, dass du voller bunter Fische bist?" „Das gerade nicht", antwortete der Acker. „Aber in mir leben andere ganz winzige Tiere, dazu Würmer und Maulwürfe. Vor allem behüte ich Tausende und aber Tausende von Samen. Sie schlafen in mir. Einige nur ganz kurz. Manche einen ganzen Winter lang.
Wenn es regnet, sauge ich die Nässe auf. Dann beginnen sich die Samen zu regen. Sie treiben winzige Keime. Sie treiben Wurzeln tief in die Erde. Sie wachsen. Sie werden grün. Sie treiben Blätter. Sie werden groß und tragen Früchte."
„Die kann ich essen", sagte der Knirps.
„Ja", sagte der Acker. „Ist das nichts?"
„Oh, doch", sagte der Knirps. „Man muss es nur wissen."

Max Kruse
Aus: Max Kruse, Warum … © Deutscher Taschenbuch Verlag, München 1983

Weiterführung:
- Arbeit mit Sprichwörtern u. Redensarten wie:
  - *in den Boden versinken*
  - *den Himmel auf Erden haben*
  - *mit beiden Beinen auf dem Boden stehen*
  - *etwas dem Erdboden gleichmachen.*
- Gestalten von Bildern aus getrockneten Blättern, Blüten, Rindenstücken und Früchten.
- Lied: „Die Erde kann die Körner kaum noch tragen" von Rolf Zuckowski auf MC/DC „Die Jahresuhr". Dieses Lied eignet sich ebenfalls zum Einsatz bei der Behandlung des Erntedankfestes.
- Im Sommer könnten sich die Sch. ohne Schuhe gegenseitig (einer mit verbundenen Augen) über verschiedene Böden in der Umgebung führen. Die Sch. sollen erraten, wo sie gewesen sind.

Fächerverbindende Bezüge: D/HS.

S. 54 „Sieh, da kommt ein Fallschirm"

Das Blatt möchte anhand des überall vorkommenden Löwenzahns ein auch für Kinder besonders augenfälliges Beispiel für Werden und Vergehen im Zyklus der Jahreszeiten genauer in den Blick nehmen. Tatsächlich stirbt ja die leuchtend gelbe Blüte nur, um im Frühjahr vielfach wieder aufzugehen. Die Verbreitung des Samens durch den Wind ist nicht nur schön anzusehen, sondern auch spielerisch zu tätigen. Die Regeln für Pusteblumen-Spiele werden die Kinder je nach Situation erfinden. Zu wissen, dass der auf den Weg geschickte Fallschirm nicht dahin ist, sondern seinen Platz im Erdboden finden und eine neue Pflanze werden kann, macht das Spielen noch ein bisschen interessanter.

Hinführung:
Wenn irgend möglich, sollte man mit der Klasse die nächste Pusteblumenwiese ansteuern. Meistens findet man Löwenzahnpflanzen in unterschiedlichen Entwicklungsstadien vor und kann sie eingehend betrachten. Notfalls können auch einige mitgebrachte Pflanzen als Anschauungs- und Versuchsobjekte dienen. Pustespiele sollen natürlich ihren Raum bekommen.

Erarbeitung:
Zurück im Klassenraum wird es den Sch. nicht schwer fallen, mit Hilfe der Ausschneideseite 63 das Arbeitsblatt zu vervollständigen und die Bilder mit viel Grün und Gelb entsprechend auszumalen. Dem schließt sich ein ausführliches Unterrichtsgespräch über den Jahreskreislauf des Löwenzahns an. Zur Sprache kommen dabei auch der Nutzen und die Freude, die wir von dieser Pflanze haben. Vielleicht werden die Kinder Verbindungen zu anderen Pflanzen, aber auch zu Tieren und zum menschlichen Leben herstellen. So legt es die Illustration z. B. nahe, über die Regenerationsfähigkeit durch Schlaf (auch Winterschlaf) nachzudenken.

Weiterführung:
- Stoff zum Träumen und zur philosophischen Betrachtung bietet das Lied von M. Ehrhardt und R. Lakomy:

  Sieh, da kommt ein Fallschirm!
  Nein, wie ist der klein.
  Das kann doch nur ein Kind
  von Frau Pusteblume sein.
  Hallo, Pustelinchen,
  sag, wo willst du hin?
  Komm zu mir herunter,
  du kleine Fliegerin.
  Ich liege auf der Wiese
  und träume in die Welt.
  Ich möcht so gerne fliegen
  wie du durchs Himmelszelt.
- Das menschliche Begehren, zu schweben und wie „Pustelinchen" schwerelos die Welt von oben anschauen zu können, kann in erzählten oder gemalten Fantasiereisen der Sch. seinen Ausdruck finden. Damit ist gleichzeitig eine Überleitung zum Thema der nächsten Seite gegeben, wo Wunsch und Fantasie hoch hinaus ins Himmelszelt klettern.

Fächerverbindende Bezüge: HS/KU/D.

S. 55 „Wenn ich einmal groß bin"

Gedichttext und Bild spielen mit der Faszination der weit entfernt am nächtlichen Firmament leuchtenden Himmelskörper. Von unten betrachtet wirken sie so ganz anders, als sie in Wirklichkeit sind. Und ähnlich verhält es sich wohl auch mit den erhofften Möglichkeiten des „Großseins". Trotzdem (oder gerade deshalb) hat das universale Bild für besondere Zuneigung seine Gültigkeit: Wir alle kennen Menschen, denen wir „die Sterne vom Himmel holen" möchten und wir alle brauchen Menschen, die eben dies für uns tun wollen.

Hinführung:
Das Auftauchen eines Kometen ist ein sehr selten beobachtetes Naturschauspiel, und deshalb heißt es wohl, wer ihn beobachtet, habe einen Wunsch frei. Dieser Mythos lässt sich in ein Spiel umsetzen. Am Klassenraum-„Himmel" werden Sterne, dabei auch ein Komet befestigt und das darunter stehende Kind darf seinen Wunsch sagen. In einer weiteren Spielrunde wird der Komet in Gedanken an jemanden geschickt, und das Kind stellt sich vor, was der- oder diejenige wohl wünschen mag.

Erarbeitung:
Nach dieser Einstimmung wird gemeinsam das Arbeitsblatt betrachtet und die Sch. äußern sich zunächst zum Bild. L. oder ein Kind tragen den Text vor. Nachdem alle Sch. hörend und nachlesend den Inhalt erfasst haben, können sie in Einzelarbeit die Aufgabe lösen und ihr Blatt nach Wunsch ausgestalten. Das Ergebnis dürfen die anderen Kinder und L. vorstellen. Natürlich ist es möglich, selbst Sterne auf eine Pappe zu malen, sie auszuschneiden und in der Klasse und zu Hause zu verschenken. Wenn L. sich an diesem Prozess beteiligt, wird sie für jedes Kind einen Stern mit einer kleinen persönlichen Anrede bereithalten.

Weiterführung:
Eine passende Möglichkeit zur Vertiefung von Gedanken und Erkenntnissen aus dieser Stunde bietet das grimmsche Märchen von den „Sterntalern". Hier wird ein Mädchen für seine selbstlose Hilfe durch einen Sternenregen vom Himmel belohnt. Man kann mit den Kindern gemeinsam der Frage nachspüren, ob es sich dabei um geldwerte Taler handelt, oder ob die Sterne nicht doch ein Symbol für gewonnene Zuneigung und Lebensfähigkeit sind.

Fächerverbindende Bezüge: HS/KU.

S. 56 „Ameisenkinder"

Das Gedicht „Ameisenkinder" von James Krüss spielt mit einer vermutlich fehlgedeuteten Alltagswahrnehmung: Jedes Kind kennt größere und kleinere Ameisen und denkt, dass es sich dabei um heranwachsende und um ausgewachsene Tiere handelt und nicht um verschiedene Arten, wie es richtig ist.

Fragestellung und Informationssammlung:
Text und Bild des Arbeitsblattes bietet einen Anreiz, an der Ameise exemplarisch die Entwicklungsstadien eines Insektes sachunterrichtlich zu behandeln. Die Aufgabenteilung im Ameisenstaat, der kunstvolle Bau mit seinen Gängen und Kammern geben viel Anlass zum Staunen über die Leistungsfähigkeit der unscheinbaren, wegen ihrer Bisse etwas gefürchteten Krabbler. Die Kinder lernen dabei – im Sinne des Ethiklehrplanes – den Ameisenhaufen am Waldrand mit anderen Augen zu betrachten. Eben diese durch Kenntnisse veränderte Perspektive bildet eine Voraussetzung für das Verständnis des nächsten Schrittes.

S. 57 „Ein Riese warf einen Stein"

„Ein Riese warf einen Stein", die mit wenigen Worten von Josef Guggenmos gemalte Szene von mutwilliger Zerstörung möchte den gedankenlos umgesetzten Impuls aufhalten lehren. Kein Kind sollte sich das Töten und Zerstören „nur so zum Spaß" gestatten, auch nicht, wenn es sich „nur" um Ameisen handelt, die das Pech vieler Insekten teilen, keinen Beschützerinstinkt oder Streicheleffekt beim Menschen auszulösen. Ihre Beschädigung ist dennoch kein Lausbubenstreich.

Erarbeitung:
L. kann auf Grund des jeweils gegebenen Lesevermögens in der Klasse am besten selbst entscheiden, ob sie den Text zunächst durch eigenen Vortrag darstellt oder durch die Kinder erlesen lässt. Nach einem klärenden Unterrichtsgespräch, das auch die eigene Erfahrung betrachten hilft, lohnt es sich gewiss, beide Gedichte der Doppelseite durch Übung eines sinngestaltenden Vortrages zu sichern. Sie können so zu einem anerkennenden und bedächtigen Umgang mit Tieren in der Natur beitragen.

Weiterführung:
Ein zusätzlicher, vertiefender Schritt im Sinne dieses Ziels ist mit Hilfe der Vorlesegeschichte „Das Vogelzelt" von Tine Schulze-Gerlach möglich. (In: „Mein erstes Vorlesebuch vom Herbst". Hrsg.: Jutta Radel, Ravensburger Verlag.) Die Identifikationsfigur dieses Textes ist Dirk, ein Junge, den eine besondere Tierliebe auszeichnet. Es ist aber nicht das vereinnahmende, handgreifliche Kuschelbedürfnis, das viele Kinder bestimmten Tieren entgegenbringen. Dirk kann auf durchaus naive Weise die Tiere als das wahrnehmen, was sie sind: Geschöpfe mit eigener Lebensart und eigenem Wert. Die Geschichte spricht, anschaulich vorgetragen, für sich selbst und bedarf wohl keiner langen Erörterung.

S. 58 „Mein Tier"

Die meisten Kinder wünschen sich ein Haustier. Die Motive dieses Wunsches sind vielfältig. Sie wollen für das Tier sorgen, denken aber wohl auch an einen unkomplizierten, allzeit verfügbaren Spielkameraden. Nicht immer finden Lebensart und Bedürfnisse des Tieres dabei genügend Berücksichtigung. So ist die Gemeinschaft zwischen Mensch und Haustier durchaus ein Gegenstand ethischen Abwägens und Handelns. Bedeutsam ist hier vor allem, dass Kinder das Tier als abhängig erkennen und die eigenen Interessen abschätzen und gegebenenfalls zurückstellen lernen.

Informationssammlung:
Es ist sinnvoll, dem Ethik-Arbeitsblatt die sachunterrichtliche Behandlung von artgerechter Haustierhaltung an Beispielen voranzustellen.

Erarbeitung:
Die Seite des Arbeitsheftes bezieht sich vor allem auf die individuellen Wünsche und/oder Erfahrungen des Kindes. Sie können zunächst im Unterrichtsgespräch zusammengetragen und erörtert werden und dann in die Ausgestaltung der Seite einfließen. Es ist sicher zweckmäßig, das Material dafür vorab bereitzulegen, z.B. Schere, Kleber, Fotos von Tieren und Gegenständen für die Versorgung.
Bei der Arbeit am Blatt werden die Kinder über den Inhalt nochmals nachdenken, Gelerntes aufzunehmen versuchen. Partnergespräche sind hilfreich; manchmal sind es die kleinen Zwischengespräche, die der Lehrkraft Beachtenswertes über die kindliche Gedankenwelt eröffnen und in ein weiteres Lernvorhaben münden.

Fächerverbindende Bezüge: D/HS/KU/Werken.

In diesem Lernbereich ging es in der 1. und 2. Klasse darum, die Wahrnehmung von Eigenschaften und Befindlichkeiten des Selbst im Unterschied zu anderen Personen anzuleiten und Veränderungen in der Zeit darzustellen. Das Ziel war es, die Einmaligkeit und Lebensberechtigung jeder Person in das kindliche Bewusstsein zu rücken.
Im Ethikunterricht der 3. und 4. Klasse wird diese Sichtweise weiterentwickelt und die Selbsterkenntnis vertieft. Das heißt vor allem, Herausforderungen und Begrenzungen bei der Ausbildung des Selbstwertgefühls, wie sie in der Auseinandersetzung mit der Umwelt zwangsläufig auftreten, verstärkt in den Blick zu nehmen.
Eine wichtige Rolle spielt dabei die Wahrnehmung eigener und fremder Stärken und Begabungen, Schwächen und Unzulänglichkeiten. Es ist ein wesentlicher Schritt auf dem Weg zur Selbsteinschätzung und zur willentlichen Lenkung eigenen Tuns und Lassens, die Wirklichkeit menschlicher Verschiedenheit anzunehmen und die damit einhergehenden Spannungssituationen gedanklich und gefühlsmäßig zu bearbeiten.
Die Lernsequenzen gehen vom individuellen Erleben und Verstehen aus und beleuchten dies im gegenseitigen Austausch. Für einen Erfahrungszuwachs ist es wesentlich, Lernformen zu praktizieren, in denen angestrebte Einstellungen und Verhaltensweisen von den Kindern umgesetzt werden können. Die Arbeitsheftseiten dieses Kapitels bieten vielfältige Impulse zur Förderung der zentralen Lernkompetenzen.

S. 1 „Ich bin ein Wunder“

Das Nachdenken über die Frage „Wer bin ich?“ und das entsprechende Visualisieren ist Anliegen dieser Seite.
Dabei sollten solche von den Kindern oft als „banal“ abgetanen Fähigkeiten wie gehen, sehen etc. hervorgehoben werden, um die Kinder feinfühlig zu machen für sinnliche Wahrnehmungen und die damit verbundenen Gefühle. Es werden auch besondere, fehlende bzw. eingeschränkte Fähigkeiten und Fertigkeiten der eigenen Person und der anderer in den Blickpunkt rücken. Toleranz und Akzeptanz gegenüber dem eigenen und dem anderen Ich gehört zum Anliegen dieser Seite (Förderung der Selbst- und Sozialkompetenz).

Einstieg:
Sitzkreis. L. gibt den Auftrag zu überlegen, was Kinder als Menschen können und was sie an ihrer Person als Wunder bezeichnen.
TB:

Mensch	Wunder

Besinnung:
(2–3 Min; kann entsprechend der Vorkenntnisse über Verwendung meditativer Elemente auch länger sein.)
Die Zeit des Überlegens kann mit meditativer Musik begleitet werden. Wer möchte, kann dabei die Augen schließen.

Erarbeitung:
Sch. können an der Tafel die Überlegungen ergänzen. Sie sollen nicht miteinander sprechen und nacheinander an die Tafel gehen. Sie können ihre Überlegungen auch auf ein Blatt schreiben und an die Tafel heften. Im Hintergrund kann wieder leise Musik laufen.

Unterrichtsgespräch:
Sch. äußern sich spontan zum entstandenen TB.
Es könnte sich hier ein erstes Philosophieren über das Wunder Mensch anschließen. Anhand der aufgezählten Wunder werden Unterscheidungen möglich. Dabei werden z. B. einige Kinder sicherlich feststellen, dass bestimmte Dinge auf Mensch und Tier zugleich zutreffen, wie z. B. laufen, Angst äußern etc. Auch darüber kann noch nachgedacht werden. (Bitte darauf achten, dass es beim Philosophieren nicht auf ein „richtig“ oder „falsch“ hinausläuft. Unklarheiten hinterfragen und Äußerungen begründen lassen.)

Erkenntnis:
Der Mensch kann mit seinen vielen Fähigkeiten und Fertigkeiten als ein Wunder erfahren und betrachtet werden. Jeder Mensch hat jeweils etwas ganz Eigenes, Besonderes, was wie ein Wunder ist.
Veränderung des TB: „Wunder“ als große Überschrift und direkt darunter „Mensch“.
Zugleich kann er mit Blick z. B. auf unzureichende Fähigkeiten als ein „Mängelwesen“ betrachtet werden.

Einzelarbeit:
Nun haben Sch. die Möglichkeit, noch einmal über das nachzudenken, was sie als Wunder ausmacht, und dies mit Worten und in einem Bild auf dem Arbeitsblatt darzustellen. Es sollte vielleicht darauf hingewiesen werden, dass es dabei nicht nur um Äußerlichkeiten geht, sondern auch um Fertigkeiten und innere Haltungen und Werte.
Die Gestaltung der Seite ist auch als Hausaufgabe denkbar.

Auswertung und Ergebnissicherung:
- Sch. stellen freiwillig ihre Seite vor und erläutern ihre Gestaltung.
  Wertungen durch L. und Sch. sollten vermieden werden; Fragen zur Klärung von Unklarheiten dürfen gestellt werden. Entsprechend der Klassensituation kann L. entscheiden, ob die Seite – mit Einverständnis des Kindes – ausgehängt wird.

- Gemeinsam wird noch einmal festgestellt, was das Besondere an einem Menschen ist und das jeder einzelne Mensch in seiner Individualität ein Wunder ist (Behinderung kann z. B. zum Wunder-Sein eines Menschen gehören).

Daraus folgen Achtung und Toleranz dem Anderen gegenüber.

Hausaufgabe:
Stelle in der nächsten Stunde dein „Wunder" vor.

Weiterführung:
- Sitzkreis. Auswertung der Hausaufgabe.
- Sch. stellen ihre Besonderheiten vor, auch pantomimisch möglich, eventuell Gestaltung einer Ausstellung mit angefertigten Arbeiten von den Sch.
- Geschichte: Ursula Wölfel, „Manis Sandalen", in: Die grauen und die grünen Felder. Ravensburger Buchverlag, Ravensburg 1998.

Fächerverbindende Bezüge: D/HS/KU und Sport

S. 2 „Aufpassen"

Stärken und Schwächen bei Kenntnissen und Fertigkeiten zu erkennen, fällt Kindern in der Regel nicht schwer. Schwieriger ist es, eigene Schwächen anzunehmen und Stärke zu entwickeln. Nicht alles hinnehmen, alles hinterfragen, aber auch in entsprechenden Situationen nachgeben, sich anpassen können, dazu müssen Kinder befähigt werden (Förderung der Selbstkompetenz).

Hinführung:
Sitzkreis. L. liest folgende Geschichte vor bis: „Wir sollen beisammen bleiben!"

> **Die Geschichte vom gehorsamen Jungen**
>
> Ein Junge tat immer, was ihm gesagt wurde. Er bildete sich viel darauf ein, dass er so gehorsam war. Einmal machte seine Schulklasse eine Wanderung. Einige Kinder wollten bei einer Pferdekoppel stehenbleiben. Auch der gehorsame Junge war dabei. Die Lehrerin sagte: „Wir anderen gehen schon ins Dorf. Ihr könnt nachkommen, dann treffen wir uns im Gasthaus. Geht nur geradeaus weiter, und bleibt alle beisammen." Bald hatten die Kinder den Pferden lange genug zugesehen. Sie wollten jetzt ins Dorf gehen.
> Natürlich führte der Weg nicht genau geradeaus. An der zweiten Biegung blieb der gehorsame Junge stehen, denn hier zweigte ein Wiesenpfad ab, der führte geradeaus zu einem Kartoffelacker. Dort hörte er auf.
> „Wir sollen immer geradeaus gehen", sagte der Junge.
> „Ins Kartoffelfeld?", fragten die anderen. „Dort links liegt das Dorf. Wir bleiben auf dem Weg." „Halt!", rief der Junge. „Wir sollen beisammen bleiben!"
> „Dann komm doch mit uns!", riefen die anderen. „Aber ihr geht nicht geradeaus!", rief der Junge. Erst lief er ihnen nach, dann rannte er zurück zur Wegbiegung, und wieder hinter den anderen her, und wieder zur Wegbiegung – und hetzte hin und her, bis nach einer halben Stunde die Lehrerin kam und ihn holte. Sie war ärgerlich. Das konnte der gehorsame Junge nicht verstehen.
>
> Aus: Ursula Wölfel, Neunundzwanzig verrückte Geschichten, Thienemanns Verlag, Stuttgart-Wien-Bern 1974

Einstieg:
L. unterbricht Geschichte an oben genannter Stelle.
- Rollenspiel: Versucht, Lösungen (oder eine Lösung) des Problems vorzuspielen.
- Höraufgabe: Wie hat Gruppe Problem gelöst? Wie findest du die Lösung? Begründe! – Welche anderen Lösungen gibt es?

Erarbeitung:
Gedicht des Arbeitsblattes vorlesen lassen. L.: Was hat Gedicht mit der vorgelesenen Geschichte zu tun?
Im Gespräch erkennen die Kinder, dass es wichtig ist, seine eigene Meinung zu haben. Sie sprechen aber auch von Problemen, die gemeinschaftlich zu bewältigen sind und manches Mal erfordern, dass Einzelne sich auch unter- bzw. einordnen können.

Einzelarbeit:
Sch. arbeiten selbstständig in ihrem Arbeitsheft und überdenken ihre eigene Situation.

Auswertung:
In Partnerarbeit oder im Sitzkreis stellen die Kinder ihre Ergebnisse vor und begründen ihre Äußerungen. Mitsch. können dazu angeregt werden, bei Unklarheiten Fragen zu stellen.

Erkenntnis:
Es ist nicht immer einfach, etwas zu tun, wovon man nicht unmittelbar überzeugt ist. Manchen fällt es schwer, sich eine eigene Meinung zu bilden und diese zu vertreten. Wichtig ist, darüber zu reden und zu fragen, wenn man mit etwas nicht einverstanden ist, um besser verstehen und bewusster handeln zu können.

Hausaufgabe:
Befragt eure Verwandten oder Bekannten, wie sie über das Gedicht denken und in welchen Situationen sie schon so gedacht haben.

Weiterführung:
- Auswertung der Hausaufgabe,
  Vergleich der Antworten der Erwachsenen mit denen der Sch.
- Sitzkreis. Geschichte vom gehorsamen Jungen wiederholen und zu Ende lesen, spontane Äußerungen erbitten.
- Gespräch. – Warum hat sich der Junge so entschieden? Erklärt, warum der Junge die Reaktion der Lehrerin nicht verstehen konnte.
- Transfer auf ähnliche Situationen und Erfahrungen der Sch. herstellen und darüber sprechen bzw. im Rollenspiel darstellen.

Fächerverbindende Bezüge: D

S. 3 „Wie andere mich sehen"

Die Sch. können Erfahrungen sammeln, wie sich die anderen ihnen gegenüber verhalten, sie anschauen usw. und inwieweit sie Einschätzungen anderer über sie akzeptieren, tolerieren oder ablehnen. Sie werden angeregt, andere wahrzunehmen und einzuschätzen und dabei zu erkennen, wie ihre Äußerungen auf Mitsch. wirken (Empathieübung; Förderung der Sozial- und Selbstkompetenz).

Einstieg:
In der Mitte eines Sitzkreises liegt ein Spiegel. Warum liegt dort ein Spiegel? Sch. erkennen, dass sie sich bisher wie in einem Spiegel betrachtet und einiges über sich erfahren haben. Spiegel herumreichen und hineinsehen lassen. Wer möchte, kann äußern, was für ihn an Erkenntnis über sich besonders wichtig ist. Spiegel am Ende wieder in die Mitte legen.

Zielangabe/Motivierung:
- Heute wollen wir wieder etwas über uns erfahren. Der Spiegel wird ein Mitsch. bzw. Eltern usw. sein, die etwas über uns erzählen sollen, z. B.: Was findest du gut an mir (Hinweis: Nicht nur Äußerlichkeiten) und warum? Was magst du nicht so sehr an mir und warum? Wie könnte ich es verändern?
- Wiederholung Gesprächsregeln, kurz an Tafel fixieren.

Erarbeitung:
Arbeitsblatt in Partnerarbeit durch Losziehen (Entscheidung der Zusammenstellung entsprechend der Klassensituation). Losen ermöglicht den Sch., sich auch einmal auf einen Zufallspartner einzustellen. Nachdem Sch. so im Heft gearbeitet haben, dürfen sie sich noch einen Partner nach ihrer Wahl suchen.

Besinnung:
Einzelarbeit: Überlege, welche Äußerungen dir wichtig waren und geholfen haben, welche dir vielleicht unangenehm oder schmerzhaft waren und warum. Was hast du heute über dich gelernt? Welche Reaktionen haben deine Äußerungen hervorgerufen? (Notizen dazu machen lassen.)

Auswertung/Ergebnissicherung:
Sitzkreis: Was hat euch der „Spiegel"-Mitsch. über euch gesagt?
Einbeziehen der Fragen und Hinweise aus der Besinnung. Freiwilligkeit bei der Beantwortung.

Erkenntnis (Möglichkeiten):
Manche Dinge habe ich schon gewusst, andere noch nicht. Ich werde darüber nachdenken. Ich sehe mich nicht so, wie mich Mitsch. sieht/sehen. Ich freue mich, dass es mit meiner Meinung übereinstimmt. Es ist schwer, dem Anderen zu sagen, was mir nicht gefällt. Manchmal fiel es schwer, etwas Nettes zu sagen. Nette Dinge sagen sich viel leichter usw.

Hausaufgabe:
Befragt zu Hause Eltern, Großeltern, Geschwister usw., wie sie euch sehen, und bittet sie, die Blütenblätter auszufüllen.

Materialempfehlung:
Lied: Siehst du, wie ich lachen kann! Text: Rolf Krenzer, Musik: Detlef Jöcker, Menschenkinder Verlag, Münster 1992.

Fächerverbindende Bezüge: D/HS/MU

S. 4 „Ohne Fleiß kein Preis"

Dieses Blatt verhilft den Sch. dazu, Erfolg und Misserfolg bewusst wahrzunehmen und den Umgang damit zu üben. Dabei ist es wichtig herauszuarbeiten, in welch unterschiedlicher Weise Menschen Einsatz aufbringen müssen, um ihre Ziele zu erreichen. Was dem einen leicht fällt, bedeutet für den anderen große Anstrengungen. Werte wie Ausdauer, Hilfsbereitschaft, Rücksichtnahme, Verantwortungsbewusstsein, Zielstrebigkeit, Zufriedenheit und Freude am Erreichten sollten hier aufgegriffen werden. Das Fragezeichen im Hintergrund steht für die Frage, ob es mit dieser Redewendung stets seine Richtigkeit hat. Es gibt auch Erfahrungen von „Preis ohne Fleiß" oder „trotz viel Fleiß kein Preis", die auch zur Sprache gebracht werden können (vgl. auch S. 5; Förderung der Selbstkompetenz).

Einstieg:

TB: | Ohne Fleiß kein Preis |

Oder Bildmeditation (Sportler, der einen Preis erhält bzw. der über seine Leistung enttäuscht ist, oder jemand, der sich bei einer Tätigkeit sehr anstrengt).
- Sch. werden in beiden Fällen dazu angeregt, spontan Worte dazu an die Tafel zu schreiben (Brainstorming).

Zielangabe/Motivierung:
Ihr habt erste Gedanken aufgeschrieben. Überlegt bitte, warum euch gerade das eingefallen ist und was die Redewendung eigentlich bedeutet.

Erarbeitung:
- Partner- oder Gruppenarbeit: Was bedeutet diese Redewendung? Versucht es an einem Beispiel zu erklären.
- Unterrichtsgespräch. Partner- bzw. Gruppenarbeit wird ausgewertet. Transfer auf eigene Situation: Wer möchte, kann erzählen, warum ihm das zu dem Spruch (Bild) eingefallen ist und ob es bei ihm angenehme oder eher unangenehme Gefühle erzeugt. Wie kommt es, dass es solche Gefühle erzeugt?

Anwendung:
Einzelarbeit im Arbeitsheft: Findet jetzt einmal heraus, was ihr durch Fleiß schon erreicht habt und was euch (mit oder ohne Fleiß) noch nicht so gelungen ist. Was könnte in die Seifenblasen und was in die geplatzte Seifenblase passen? Was gehört in die Urkunden und

in die Medaille (nicht nur auf sportliche Erfolge beziehen)? Versucht einmal herauszufinden, wie es euch in den jeweiligen Situationen erging.
Sch. schreiben oder zeichnen im Heft.

Ergebnissicherung:
- Sch. kommen in den Stuhlkreis. Wer möchte, kann über sein Blatt sprechen. Darüber, was ihm/ihr gelungen, weniger gelungen oder misslungen ist und welche Anstrengungen und Entscheidungen dabei vielleicht eine Rolle spielten. An dieser Stelle sollte noch einmal auf die Gefühle der Kinder eingegangen werden. Es können neben dem Stellenwert des Fleißes auch unbeeinflussbare Momente wie Begabung ins Blickfeld der Sch. gerückt werden.
- Zusammenfassung: Was trägt zum Erfolg bei und wie gehen wir mit ihm um? Was trägt zum Misserfolg bei und wie gehen wir mit ihm um? Was kann man dagegen tun? TB entsteht.

Sch. übernehmen TB und können noch ergänzen.

Weiterführung:
- In der nächsten Stunde wollen wir uns noch Beispiele zu den einzelnen Punkten in der Tabelle überlegen.
- Die Arbeitsheftseite 5, „Wunder des Alltags", bietet sich als Vertiefung an. Sie kann auch vor der Seite 4 behandelt werden.

Fächerverbindende Bezüge: D/HS/KU

S. 5 „Wunder des Alltags"

Die Sch. erhalten auf dieser Seite die Möglichkeit, darüber nachzudenken, welche Entwicklungen/Erfolge/Gewinne sich manchmal gleichsam von selbst einstellen und wie sie auch durch bewusstes Handeln erlangt werden können. Die Geschichte bietet gute Ansätze zum Aufstellen von Gedankenexperimenten wie: „Was wäre wenn ..." oder „Was ist überhaupt Zufall?" Die Bedeutung eines Augenblicks im eigenen Leben und im Leben anderer lässt sich an dieser Geschichte gut herausarbeiten. Dabei bietet sich an, auf Begriffe wie Glück, Unglück oder Glück im Unglück einzugehen und mit den Sch. darüber zu philosophieren (Förderung der Selbst-, Sozial- und Methodenkompetenz).

Einstieg:
L. liest Geschichte vor.

Unterrichtsgespräch:
(Spontane Äußerung)
Welchen Gewinn haben beide zu verzeichnen, und wie kam es dazu? Sch. sollen im Gespräch Vermutungen anstellen, inwiefern beide etwas gewonnen hatten und was jeder dazu tun musste. Warum heißt eigentlich die Geschichte „Wunder des Alltags"?

Anwendung/Transfer:
- Einzelarbeit im Arbeitsheft. Die Geschichte ist mit Blick auf ihren letzten Satz recht offen gehalten. Die Sch. können für ihren Eintrag ihre Fantasie spielen lassen – vielleicht haben der Junge und das Mädchen etwas Gemeinsames gewonnen, eine Freundschaft? Der Junge hat ggf. ein Stück mehr Selbstsicherheit/Mut gewonnen, was das Mädchen schon hatte (Sprung ins Wasser). Er kann sich als Helfender erleben. Das Mädchen kann sich über die Hilfe/das Geschenk des Jungen und das Wiederfinden des Zahns erfreuen und sich – falls es ein Milchzahn war – ihres Wachstumsschubs bewusst werden. Vielleicht hatte sie Hilfe erbeten und gewinnt Unterstützung etc.
- Schreibt oder malt euer Alltagswunder. Erzählt, wie es dazu kam und ob es euch so erging wie dem Mädchen oder ob euer „Wunder" eher der Situation des Jungen entsprach.

Auswertung:
Im Partnergespräch stellen sich die Sch. ihre gestaltete Seite vor, vergleichen ohne gegenseitige Wertung.
Im Sitzkreis wird ausgewertet, was die Kinder voneinander erfahren haben.

Ergebnissicherung:
Es ergeben sich Erfolge, die manchmal unerreichbar scheinen, z. B. in Situationen, die ein schnelles Handeln erfordern. Man sagt auch: „Er ist über seinen Schatten gesprungen". Das ist wie ein Wunder. Man kann über sich selbst hinauswachsen, sich fortentwickeln durch gezieltes Handeln. Erfolg und Lebensbereicherung sind aber nicht allein vom eigenen Handeln abhängig.

Hausaufgabe:
Findet weitere Sprichwörter. Sucht in Zeitungen und Zeitschriften nach solchen unvorhergesehenen Erfolgen. Befragt dazu eure Eltern.

Fächerverbindende Bezüge: D/HS/KU

S. 6 „Mondsplitter auf dem Dach"

Die Sch. haben hier die Möglichkeit, über ihre Träume nachzudenken und über sie zu sprechen. Es gibt Träume, die man immer wieder träumen möchte, aber auch Träume, die unangenehme Gefühle wie Angst hervorrufen kön-nen (Alpträume). Sicherlich werden die Sch. auch erkennen, dass nur wenige Träume „wahr" werden. Dass man nicht nur während des Schlafs träumt, wird in dieser Geschichte deutlich (Tagträume).

Einstieg:
- Bildmeditation (z. B. Landschaftsbild): entsprechend leise Musik im Hintergrund, meditative Sitzhaltung einnehmen. In die Meditation einführen, z. B. so: Wir wollen uns entspannen. Hört auf die Musik und versucht euch in das Bild zu vertiefen. Was könnt ihr alles entdecken? Vielleicht seht ihr euch im Bild, wie ihr gerade über die Wiese lauft

oder hinter dem dicken Baumstamm hervorschaut. Könnt ihr die Vögel zwitschern hören? Ihr lauscht und hört das Klopfen eines Spechtes. Ihr werdet dabei ganz ruhig und entspannt. Euer Atem geht gleichmäßig …
- Aus der Meditation herausführen, z. B. so: Wir kehren nun wieder von unserer Entspannungsreise zurück, nehmen unseren Klassenraum wahr. Bewegen unsere Arme und Beine. Atmen noch einmal tief ein und aus. Stehen auf und strecken und schütteln uns.

Hinführung:
Wie hast du die Traumreise in das Bild empfunden? Was hast du alles gesehen und was hast du gedacht? Was haben die meisten Kinder in der Entspannungsphase gemacht? Die Erzählungen von euch zeigen es deutlich.

Erarbeitung:
Problem: Was sind überhaupt Träume? Welche Arten von Träumen gibt es? Beratet euch mit eurem Partner. Auswertung der Partnerarbeit.

Anwendung/Transfer:
- Arbeitsheft: Wir lesen eine Geschichte über das Träumen.
  Vielleicht bekommt ihr heraus, wie man diese Art von Traum nennt.
  Sch. lesen Text still. Wer kommt in der Geschichte vor? Was für ein Problem tritt auf?
- Unterstreicht, was Bello vermutete. Wie kam er zu dieser Vermutung?
  Wie nennt man so einen Traum? (Tagtraum) Habt ihr Tagträume? Möchtet ihr sie erzählen?
- Praktische Tätigkeit: Ihr könnt zwei Träume in die Mondsplitter malen oder schreiben. Welcher passt in den zackigen Splitter? Warum?

Ergebnissicherung:
- Wer möchte, kann sein Blatt zeigen und darüber sprechen, was er bei diesen Träumen empfindet.
- Gedankenexperiment: Gehen Träume in Erfüllung? Was wäre, wenn alle Träume in Erfüllung gehen würden? Kann man Träume beeinflussen?

Hausaufgabe:
Wie könnte die Geschichte weitergehen? Schreibe oder male.

Weiterführung:
- Vorstellen der Hausaufgabe. Lesen mit verteilten Rollen, Vorspielen des Gesprächs.
- Gespräch als Hörspiel aufnehmen und mit Orff-Instrumenten passende Geräusche im Hintergrund erzeugen (z. B. aufsteigender Rauch = Zimbel, oder: Da glänzt etwas! = Triangel)
- Bilder und Geschichten könnten in einer „Traumecke" des Klassenraums ausgestellt werden (freiwillig).

Fächerverbindende Bezüge: D/KU/MU

S. 7 „Träumen"

Fantasie entwickeln, besinnen auf das Wesentliche und kreativer Umgang mit Formen ist Anliegen dieser Seite. Durch das Schaffen einer meditativen Atmosphäre (z. B. durch Musik) sollen die Sch. die Möglichkeit erhalten, konzentriert und ausdauernd ihr Ziel zu erreichen. Sie können probieren, verwerfen, neu beginnen und zunehmend besser zur inneren Ruhe kommen (Förderung der Sozial- und Methodenkompetenz). Die abgebildeten Teile sind Formen eines Tangrams. Das Tangram ist ein Legespiel, das aus dem Fernen Osten stammt und schon mehrere tausend Jahre alt sein soll. In der Regel besteht es aus sieben Teilen (fünf verschieden große Dreiecke, ein Quadrat und ein Rombus). Viele verschiedene Kombinationen lassen sich damit legen. Es eignet sich im Unterricht für Konzentrationsübungen und zur Entwicklung des Formverständnisses.

Hinweise zur Erarbeitung:
Günstig ist es, die Teile auf Pappe zu kleben und Vorder- und Rückseite mit gleicher Farbe zu gestalten, da die Teile auch umgedreht werden können. Beim Legen des Tangrams gibt es keine feste Regel. Einzige Bedingung ist: Alle Teile müssen verwendet werden. Bevor man es in den Unterricht einführt, sollte man es selbst zu Hause ausprobieren, um eventuelle Schwierigkeiten zu erkennen. Aus diesen Teilen lässt sich z. B. ein Herz oder ein gedrucktes S legen. Das sind nur zwei Möglichkeiten von vielen.

Differenzierung:
Sch., die Schwierigkeiten haben, können erst einmal nach ihrer Vorlage legen. Sie sollten aber ermuntert werden, selbst neue Formen zu finden. Auch wenn nicht immer eine „sinnvolle" Form entsteht, ist Lob und Anerkennung sehr motivierend.

Einstieg/Motivation:
Vorlesen der Legende über den Erfinder des Tangrams.

> Ein alter chinesischer Philosoph wollte einem hohen Beamten ein wunderschönes Geschenk machen: eine quadratische Platte aus feinstem poliertem Marmor, also eine große Kostbarkeit. Doch als er sie dem Beamten überreichen wollte, stolperte er am Eingang des Palastes, die Platte fiel zu Boden und zersprang in sieben Stücke. Als der Philosoph versuchte, die Teile wieder zusammenzusetzen, entstanden plötzlich Boote, Brücken, Menschen, Tiere, Lotosblumen und viele andere Bilder und Zeichen. So konnte er dem hohen Beamten schließlich ein ganz besonderes Präsent darbieten, wofür er selbst reich beschenkt wurde.

Was denkt ihr, warum wurde der Philosoph so reich beschenkt?
(Begriffsklärung: Philosoph, Lotosblume)

Einzel- oder Partnerarbeit:
Unsere Arbeitsheftseite zeigt auch sieben Teile. Versucht daraus wieder eine Form zu legen.

Es gibt verschiedene Formen, die entstehen können. Ihr müsst aber immer alle Teile verwenden. Versucht konzentriert zu arbeiten. Bei Einzelarbeit nicht reden, bei Partnerarbeit nur im Flüsterton. (Im Hintergrund leise meditative Musik.)

Ergebnissicherung:
Sch. gehen leise von Tisch zu Tisch und sehen sich die verschiedenen Kombinationen an.

Auswertung:
Welche Gedanken gingen dir beim Legen durch den Kopf? Welche Fantasien weckt nun dein Tangram? Erzähle etwas zu der von dir gefundenen Form.
(Anknüpfen an S. 5/6:) Wo hattest du Schwierigkeiten? Wie kamst du damit zurecht? Was führte zum Erfolg? Gab es eine Phase, in der du aufhören wolltest und warum? Wie hast du es geschafft, doch weiterzumachen? Etc.

Hausaufgabe:
Versucht zu Hause eine andere Form zu legen. Wer zu Hause ein anderes Tangram hat, kann es zur nächsten Stunde einmal mitbringen.

Fächerverbindende Bezüge: D/KU/MA

S. 9 „Gaben und Aufgaben"

Die unterschiedliche Ausstattung Einzelner mit Begabungen und Merkmalen, die unterschiedliche Mühe oder Leichtigkeit beim Erwerb von Fähigkeiten, die Beschäftigung mit der individuellen Eigenart überhaupt sind konstante Themen der Erziehung im Allgemeinen. Jeder L. wird entsprechende Fragen im Umgang mit Kindern und Eltern immer wieder aufgreifen. Im Ethikunterricht kommt dem Gespräch und dem Austausch der Sch. über Selbst- und Fremdwahrnehmung dabei eine wichtige Rolle zu. Dazu will das Arbeitsblatt anregen und darüber hinaus betonen, dass besondere Fähigkeiten nur dann ausstrahlen, wenn man sie entwickelt und einsetzt, etwa für ein Gemeinschaftswerk, für eine Mannschaft, zur Freude und Bereicherung von vielen. (Förderung der Sozial-, Selbst- und Methodenkompetenz.)

Hinführung:
Mit den Kindern über ihr Alltagsverständnis in Bezug auf die hier zentralen Begriffe mit dem Wortstamm „Gaben" oder „geben" reflektieren. Die wenig beliebten Hausaufgaben (und ähnliche Pflichten) werden kaum unerwähnt bleiben. Auch die Formulierung „Aufgaben sind Geschenke …" mag zunächst auf Erstaunen stoßen. Das ist beabsichtigt, denn der Zusammenhang will durch geeignete Beispiele erläutert und belegt sein.

Erarbeitung:
- Fortsetzung der gegebenen Beispielsätze in Einzel-, Partner- oder Gruppenarbeit. In jedem Fall wird eine möglichst sensible Aufnahme und Kommentierung der Kinderäußerungen erforderlich sein. Nicht jedes Kind vermag auf Anhieb einzusehen, warum es seine Möglichkeiten für einen guten Zweck einsetzen soll, und nicht jedes verfügt über Fähigkeiten, deren Einsatz von anderen spontan anerkannt wird.
- Die vorhandenen Linien müssen nicht durchweg mit Ich-Sätzen gefüllt werden. Die angestrebte Erkenntnis kann sich ebenso gut einstellen, wenn die Gaben einer Freundin oder eines Freundes betrachtet und mit einbezogen werden.

Weiterführung:
Es liegt in der Intention des Blattes, dass es gelegentlich wieder hervorgeholt, ergänzt und aktualisiert wird. Begabungen und Fähigkeiten wachsen und verändern sich ja. Auch eine Beteiligung der Eltern könnte bei diesem Thema zuträglich sein.

Fächerverbindende Bezüge: D

S. 10 „Meine zweimal geplatzte Haut"

Bei der Beschäftigung mit dem Text kann deutlich werden, dass heftige Gefühle wie Wut und Lust nicht nur als „inneres" Geschehen ablaufen, sondern sich in körperlichen Symptomen mitteilen. Die ganze Person ist davon ergriffen und bezieht ihr Gegenüber ein.

Einzelarbeit:
Die Kinder können das Blatt mithilfe der Grafik unmittelbar erschließen und die Zeilen entsprechend dem Arbeitshinweis einfärben. Nach der Besprechung der Ergebnisse und vor dem Aufschreiben des Textes sollte das Original an der Tafel erscheinen und gelesen werden (s. Kasten).

Meine zweimal geplatzte Haut

Ich könnte platzen.
Aus allen Nähten könnte ich platzen
vor Wut.
Meine Hände zittern.
Meine Stimme bebt.
Meine Haut tut mit weh von so viel Wut.
Ich fühle mich krank in meiner Haut,
weil du so bös zu mir warst.

Ich könnte platzen.
Aus allen Nähten könnte ich platzen
vor Lust.
Meine Hände winken.
Meine Stimme lacht.
Mein Bauch gluckert von so viel Lust.
Ich fühle mich wohl in meiner Haut,
weil du so lieb zu mir warst.

Hanna Hanisch
Aus: Hans-Joachim Gelberg (Hg.), „Augenaufmachen", 7. Jahrbuch der Kinderliteratur, © Beltz & Gelberg, Weinheim/Basel 1984

Unterrichtsgespräch:
Im Gespräch geht es um die Erfahrungen der Kinder in der Klasse, ggf. auch um solche mit anderen heftigen

Gefühlen und ihrer „Außenwirkung". Hier mag deutlich werden, warum es schwierig ist, bestimmte Zustände zu schauspielern oder willentlich zu verbergen. Darüber hinaus ist es sinnvoll, in der Erörterung, darauf hinzuweisen, dass Gelächter und Spott angesichts wahrnehmbarer Gefühle schmerzlich sind. Rücksichtnahme gehört nicht nur zu den Elementargeboten des sozialen Miteinanders, sie ist auch eine Maßnahme des Selbstschutzes im Sinne der Handlungsmaxime „Was du nicht willst, das man dir tu, das füg auch keinem andern zu" (siehe dazu Seite 24, „Die goldene Regel").

S. 11 „Sich verstellen"

Thema dieses Arbeitsblattes ist Ehrlichkeit mit und vor sich selbst. Die eigenen Möglichkeiten lassen sich erst dann entwickeln und vorteilhaft einsetzen, wenn man sie tatsächlich erfasst. (Förderung der Selbst-, Methoden- und Sachkompetenz.)
Das Kernmedium bildet die sehr knapp gehaltene Fabel von Helmut Arntzen, deren Erzählanteile in Bilder umgesetzt wurden. Dies ist der Originaltext:

Der Esel mit der Löwenhaut kam zu den Schlangen.
Stark bin ich. Wie werde ich klug?, fragte er.
Häute dich, rieten die Schlangen.
Aber dann bin ich ja wieder der alte Esel.
Alle Klugheit, sagten die Schlangen, beginnt mit Selbsterkenntnis.

Einstieg:
Sch. betrachten die im Bild dargestellte Geschichte. Die ersten Äußerungen werden davon bestimmt sein, ob Vorerfahrungen im Umgang mit Fabeln gegeben sind. Ist dies der Fall, so wissen die Kinder, dass bestimmte Tiere als Träger wiederkehrender menschlicher Eigenschaften auftreten, und werden ihre Kenntnisse bei der spontanen Deutung miteinbeziehen.
Der Inhalt lässt sich aber auch unmittelbar über die Bildergeschichte erschließen. Sch. können darüber berichten, wie sie es empfinden, sich zu kostümieren, eine Maske anzulegen, in eine Rolle zu schlüpfen. Aktives Handeln in kleinen Spielszenen, z. B. nach bekannten Fabeln, ist denkbar. Lehrerimpuls: Gibt es Rollen, die einem gar nicht behagen und andere, die einem leicht gelingen?

Erarbeitung:
In einem Unterrichtsgespräch werden die Beweggründe für das Verhalten der beteiligten Tiere genau untersucht, um die Weisheit im Rat der Schlangen beurteilen zu können. Mögliche Gesprächsimpulse:
- Was veranlasst den Esel, im Tragen der Löwenhaut einenVorteil zu sehen?
- Ist es unfreundlich oder gar rücksichtslos von den Schlangen, seinen Selbstbetrug umstandslos aufzudecken?
- Welches könnten die Nachteile für den verkleideten Esel sein?
- Woher wissen die Schlangen von den Vorzügen des Häutens?

Die Antworten können nach und nach im Gespräch erarbeitet werden. Möglich ist es auch, die Fragen schriftlich darzubieten, so dass die Sch. sich in Einzel- oder Partnerarbeit zunächst Notizen anfertigen (auf dem Arbeitsblatt) und ihre Ergebnisse dann zusammentragen und erörtern.

Weiterführung:
Je nach Verlauf des Unterrichtsgesprächs nutzen die Sch. die auf dem Arbeitsblatt vorgesehenen Zeilen für eine Übertragung der gewonnenen Erkenntnisse auf eigene Erfahrungen und Lebenssituationen.

Fächerverbindende Bezüge: D

S. 12 „Und wenn einer kommt"

Die Sch. erfahren, dass ein Vorurteil schnell entsteht und dass es nicht immer einfach ist, sich dagegen zu wehren. Gerade deswegen müssen Wege aufgezeigt werden, wie man mit Vorurteilen umgehen kann, wie sie entstehen und welche Möglichkeiten es gibt, sie zu vermeiden. Die Anbahnung kritischen Verhaltens, als notwendige Voraussetzung im Umgang mit Vorurteilen wurde bereits auf Arbeitsheftseite 2, „Aufpassen", aufgegriffen (vgl. auch S. 11). (Förderung der Sach- und Methodenkompetenz).

Einstieg:
Lest die Geschichte und zeichnet mit Bleistift ein, was Herr Ivo und Herr Tono hinter ihren Rücken halten könnten.
Überlegt, welcher Art die beiden Männer sein könnten, und begründet eure Meinung.
Sch. sollten Aufgabe zunächst in Einzelarbeit lösen.

Erarbeitung:
Sucht einen Partner und vergleicht eure Seiten. Sprecht über eure Meinungsfindung. Was stellt ihr fest?

Auswertung:
- Sitzkreis. Zusammentragen der Ergebnisse aus der Einzel- und Partnerarbeit. Urteilsbildung begründen lassen, evtl. unterschiedliche Meinungen hervorheben.
- Überlegen lassen, wie diese entstanden sind.
- Wie bekommen wir nun heraus, wer Recht hat?

Erkenntnis:
Es ist schwer und gefährlich, sich ein Urteil zu bilden, wenn man nicht mehr über die beiden Herren weiß.

Problemlösung:
Ergänzt die Geschichte und vergleicht mit eurer ersten Vermutung. Wenn nötig, überdenkt eure Zeichnung.

Ergebnissicherung:
Was habt ihr festgestellt? Wie nennt man das, wenn man sich voreilig ein Urteil über etwas bildet, wovon man nur Ungenaues weiß?

Ausblick und Hausaufgabe:
- In der nächsten Stunde wollen wir überlegen, was man gegen Vorurteile tun kann.
- Überlegt, ob ihr auch schon einmal Vorurteile hattet und wie es dazu kam.
- Löst die Spiegelschrift im Arbeitsheft und überlegt, was es bedeutet.

Weiterführung:
- Im Sitzkreis wird die Hausaufgabe ausgewertet und über die Bedeutung des letzten Satzes gesprochen.
- Anwendung und Transfer: Gruppenarbeit (Auswahl der Gruppen entsprechend der Klassensituation).
- Überlegt, wie eure Vorurteile in der Geschichte entstanden sind. Was könnte man tun, um dies zu vermeiden?
- Stellt ein oder zwei Regeln auf! Habt ihr auch schon eigene Erfahrungen mit Vorurteilen gemacht? Erzählt in der Gruppe darüber.
- Gestaltet ein Plakat gegen Vorurteile! Vielleicht fällt euch auch ein Rollenspiel dazu ein.
- Gruppen präsentieren ihre Ergebnisse vor der Klasse, im Schulhaus oder vor den Eltern.

Fächerverbindende Bezüge: D/KU

S. 13 „Ich wünsche mir so allerlei ... von anderen“ und: S. 14 „Andere wünschen sich so allerlei ... von mir“

Beide Arbeitsheftseiten rücken Erwartungen in den Blick, die oft unbewusst gehegt oder empfunden werden. Die Grafik ist dabei auf die kindliche Perspektive zentriert; im Verlauf der Beschäftigung können sich jedoch Ergänzungen durch L. und Eltern ergeben. Das Thema ist auf gegenseitigen Austausch angelegt und angewiesen.
Die Illustrationen mit Angeln und Seifenblasen deuten an, dass Erwartungen immer wechselseitig zu verstehen sind. Sie zu stellen, ihnen zu entsprechen oder sie zurückzuweisen, hängt mit der Beziehung der beteiligten Personen zueinander zusammen. Ein bedächtiges Gespräch darüber vermag manchen dumpf empfundenen „Knoten“ zu lockern oder sogar zu lösen, wenn Zuhören und Aussprechen gleichermaßen geübt werden. (Förderung der Selbst-, Sozial- und Methodenkompetenz).

Hinführung:
Zunächst müssen Sch. erkennen, dass es sich hier nicht um Wünsche im Sinne von Geburtstagspräsenten handelt, sondern um Erwartungen an die Leistung und das Verhalten von Personen. Dies kann durch eine Gegenüberstellung von Beispielen an der Tafel geklärt werden, hier Wunschzettel, dort Ansprüche und Vorstellungen in Bezug auf Personen (siehe auch S. 4, S. 9).

Einzel-/Partnerarbeit:
Daran anschließend wären die individuellen Eintragungen auf den Seiten vorzubereiten. Da der Raum zum Schreiben jeweils recht knapp bemessen ist, empfiehlt es sich, die Kinder Vorschriften auf kleinen Zetteln anfertigen zu lassen. Diese Notizen können sie dann mit anderen besprechen, überarbeiten und in einer Prioritätenliste ordnen, bevor die wichtigsten an die Angel genommen bzw. in die spiegelnden Seifenblasen eingetragen werden.

S. 15 „Das Rätsel von der Zeit“

Hier geht es um das Erkennen des Phänomens Zeit und die Bedeutung von Vergangenheit, Gegenwart und Zukunft (die „drei Brüder“) für das persönliche Leben. Die Sch. erhalten die Möglichkeit, über ihr vergangenes, gegenwärtiges und zukünftiges Leben nachzudenken. Gedankenexperimente und erste philosophische Gespräche über das Leben in der Vergangenheit oder in der Zukunft, z. B. in Form einer Zeitreise, bieten sich an. Eine Verknüpfung mit der Arbeitsheftseite 19 „Die Zeit erzählen“ ist gut möglich.

Einstieg:
Lesen der Überschrift und Betrachten der Bilder. Vermutungen anstellen, was die Überschrift mit den Bildern zu tun hat. Gemeinsames Lesen des Rätsels und erste Überlegungen zur Lösung des Rätsels.

Einzelarbeit:
Sch. lösen in Einzelarbeit durch Verbindung der Wortkarten mit den Bildern das Rätsel und ergänzen die Wortkarten: 1. Bruder: Zukunft, 2. Bruder: Vergangenheit, 3. Bruder: Gegenwart.
(Es ist günstig, mit Bleistift arbeiten zu lassen, um Fehler besser korrigieren zu können.)

Ergebnissicherung:
Im Gespräch werden die Ergebnisse vorgestellt und eventuell verbessert.
Gemeinsam wird überlegt, welche Bedeutung die drei Zeitformen haben, ob man Einfluss auf sie hat, durch welche Zeitform man Veränderungen im persönlichen Leben feststellen kann. Gedankenexperiment: Was wäre, wenn es eine Zeitform nicht gäbe?

Transfer:
Überlegt, in welcher Zeit wir jetzt leben. Welches Fenster würde das betreffen? Warum ist dieses Fenster geöffnet und das erste geschlossen? Was möchtest du in das mittlere Fenster malen und kleben? Welches Ereignis könntest du in das erste Fenster gestalten und warum? Was fällt dir zum dritten Feld ein? Warum ist es anders gestaltet als die ersten beiden?
Die Gestaltung der Fenster kann im Unterricht erfolgen oder als Hausaufgabe gelöst werden.

Erkenntnis:
Es gibt drei Zeitformen. An der Vergangenheit kann ich nichts mehr verändern, aber ich erkenne, wie ich

mich mit der Zeit verändert habe. In der Gegenwart lebe ich bewusst. Hier tue ich Dinge, die sich in der Zukunft auswirken können. Die Zukunft kann ich nicht genau bestimmen, sie liegt vor mir.

Hausaufgabe:
Gestalte ein Plakat von deiner Vergangenheit. Wie hast du dich mit der Zeit verändert?

Weiterführung:
- Durchführen einer Zeitreise: L. liest die Geschichte „Das weiße Tor" (s. Kasten) vor und lässt die Sch. sich spontan dazu äußern.
- Aufstellen von Gedankenexperimenten und in einem Gespräch gemeinsam nach Fragen und Antworten suchen. Es gibt dabei kein „richtig" und kein „falsch". Ziel ist nicht unbedingt die Auflösung der Geschichte, sondern das Suchen nach Fragen, Vermutungen und möglichen Antworten. Dabei sollte der Fantasie der Sch. keine Grenzen gesetzt werden.
- Mögliche Fragestellungen:
  Was ist eine Zeitmaschine? Kann man in einer anderen Zeit gelebt haben?
  Können wir wirklich wissen, ob sich hinter der weißen Tür eine Zeitmaschine verbirgt? Wie weit kann eine Zeitreise gehen? Ist so eine Reise möglich?
  Viele Fragen werden sich auch aus dem Gespräch ergeben und vielleicht in eine ganz andere Richtung führen als hier dargestellt.
- Die Geschichte könnte von den Sch. weitergeschrieben werden. Man könnte versuchen, aus Abfallprodukten eine Zeitmaschine zu basteln oder eine Zeitreise bildnerisch zu gestalten.

Das weiße Tor

Fred und Agnes gingen durch die dunkle Unterführung. Krachend fiel das große Tor zu, durch das sie gerade getreten waren. Sie hörten, wie sich der Schlüssel im Schloss drehte.
„Fred, ich glaube, wir sind eingesperrt", sagte Agnes nervös. „Am anderen Ende muss es einen Ausgang geben", antwortete Fred unsicher. Der Durchgang war spärlich beleuchtet. Als die Kinder immer furchtsamer weitergingen, kamen sie zu einer mächtigen, weißen Eisentür mit einer großen Klinke aus Messing und einem riesigen Kombinationsschloss. Auf der Tür stand in großen roten Buchstaben: „Äußerst gefährlich – Betreten verboten!" Darunter stand in kleinen schwarzen Buchstaben: „MDV Zeitprojekt".
„Was glaubst du, ist da drin?", flüsterte Fred.
„Ich weiß es nicht", antwortete Agnes sehr langsam.
„Ich glaube, MDV steht für Ministerium der Verteidigung. Aber was kann an einem Zeitprojekt gefährlich sein?"
Plötzlich tauchte ein Mann in einer blauen Uniform mit einem Schlüsselbund auf. Die Kinder erschraken und erzählten, dass sie sich verlaufen hätten und den Ausgang nicht mehr finden würden. Der Wächter sagte, dass er ihnen den Weg zeigen wird. Doch eine Frage hatten die Kinder noch: „Was ist in dem Raum hinter der weißen Tür mit der Aufschrift ‚Äußerst gefährlich'?"
„Ach das!", lachte der Wächter mit einer etwas unheimlich wirkenden Stimme. „Da dürft ihr nicht hinein: Eure Eltern würden euch niemals wieder sehen."
„Warum nicht?", wollte Fred wissen. Der Wächter wurde ernst. Er beugte sich zu ihnen hinunter und senkte seine Stimme: „Das ist", erklärte er gewissenhaft, „eine experimentelle Zeitmaschine; wenn ihr euch darin einschließen und die Maschine richtig einstellen würdet, würdet ihr nicht mehr im Jahr 2008 leben, es könnte 1908 oder 1608 oder ... wer weiß wann sein."
„Donnerwetter", sagten die Kinder, „wirklich?"
„Jetzt habe ich euch aber schon viel zu viel erzählt", sagte der Wächter und führte die Kinder zum Ausgang.

In Anlehnung an: Das weiße Tor, in: Gareth B. Matthews, Philosophische Gespräche mit Kindern, © Freese Verlag, Berlin 1993

Literatur und Materialien zum Philosophieren mit Kindern:

Gareth B. Matthews: Philosophische Gespräche mit Kindern. Freese Verlag, Berlin 1993.
Philip Cam (Hg.): Sterben Äpfel auch? Philosophische Nachdenkgeschichten für Kinder und Jugendliche, Textbuch und Arbeitsmappe. Verlag an der Ruhr, Mühlheim 1996.

Fächerverbindende Bezüge: D/KU/WE

S. 16 „Das Lied des Fröschleins"

Die Geschichte verdeutlicht, welche Bedeutung Begegnungen für das eigene Leben haben können. Die Sch. werden angeregt, über wichtige Begegnungen in ihrem Leben nachzudenken und darüber, welche nachhaltige Wirkung diese hatten. Gefühle, die bei Trennung und Verlust entstehen (siehe S. 18), sollten besprochen werden und Hilfen im Umgang mit diesen gemeinsam gefunden werden. (Förderung der Selbst-, Methoden- und Sachkompetenz).

Einstieg:
Bildmeditation. Menschen, die Abschied voneinander nehmen, oder z. B. die Rücklichter eines Zuges (Abschiedssituationen) und Situationen, die Begegnungen ausdrücken. Sch. betrachten Bilder – im Hintergrund leise Musik.
Spontane Äußerungen anregen.
Was hat Geschichte mit den Bildern gemeinsam?
L. liest die Geschichte aus dem Arbeitsheft bis „... verhedderte sie sich an einem fremden Ruder" vor. Sch. stellen Vermutungen an, wie Geschichte weitergehen könnte und welche Verbindung zu den Bildern besteht.
Gemeinsam Geschichte zu Ende lesen.
Erkenntnis: Auf den Bildern und in der Geschichte geht es um Begegnung und Trennung/Abschied.

Erarbeitung:
Unterrichtsgespräch: Welche Empfindungen können bei Begegnung/Trennung auftreten? Wie fühlt sich der Frosch während der Begegnung mit der Seerose? Warum wird die Seerose so viele Fragen gestellt haben? In welcher Weise hat sich das Leben des Frosches verändert?

Einzelarbeit:
Sch. schreiben die Geschichte weiter. Sch., die möchten, können ihre Geschichte vortragen und im Klassenraum aushängen.

Transfer:
- Könnt ihr von Begegnungen erzählen, die euer Leben verändert haben? Beschreibt diese Begegnung; warum hat sie Einfluss auf euer Leben gehabt? Welche Gefühle hattest du beim Abschiednehmen?
- Welche Möglichkeiten gibt es, mit Trennung und Abschied klarzukommen?
- TB kann entstehen: Trennung und Abschied, – Trauer und Enttäuschung zulassen, – in Erinnerung behalten, – weinen, – Bild aufstellen, – Brief schreiben, – das anwenden, was man vielleicht von dem anderen gelernt hat, – nicht immer an die Vergangenheit denken, sondern im Heute leben.

Weiterführung:
- Nachspielen der Geschichte aus dem Arbeitsheft und verschiedene Möglichkeiten vom Ende der Geschichte aufzeigen. Auswertung der Rollen: Wie hast du dich in der Rolle des Frosches und wie in der Rolle der Seerose gefühlt.
- Bildergeschichte dazu malen.
- Eigene Geschichten szenisch darstellen.

Materialempfehlung:
Susan Varley: Leb wohl, lieber Dachs! Übers. v. Ingrid Weixelbaumer. Annette Betz Verlag, München/Wien 1984.

Fächerverbindende Bezüge: D/KU

S. 17 „Ich denke nach"

Anknüpfend an S. 15 „Das Rätsel von der Zeit" findet hier das Nachdenken über die Lebenszeit durch den Text und die daraus gewonnenen Fragen eine gewisse Anleitung. Der Schwerpunkt liegt bei der Zuversicht, aber auch bei den Befürchtungen, die sich beim Bedenken des zukünftigen Lebensweges einstellen können. Besonders deutlich wird hier, dass Erinnern und die Aussichten eng mit den Personen unserer Umgebung verknüpft sind. (Förderung der Selbst-, Sach- und Methodenkompetenz.)

Vorbereitende oder nachbereitende Hausaufgabe:
Der wünschenswerte Bezug zu den Erzählungen und Anmerkungen der Eltern, ggf. auch der Großeltern und anderer wichtiger Bezugspersonen kann sowohl im Voraus als auch nachträglich aufgegriffen werden. Erkundungsauftrag mit folgenden Fragen:
- Lasse dir von deinen Eltern und Großeltern Episoden erzählen, an die du dich nicht mehr erinnern kannst.
- Was gefällt deinen Eltern zurzeit an dir besonders gut?
- Welche Ratschläge geben dir deine Eltern für dein weiteres Leben?

Einstieg:
Titel und Intentionen des Blattes legen nahe, es den Sch. zunächst zur selbstständigen Bearbeitung zu überlassen.
Es ist aber auch möglich, sich in einem Gespräch mit dem Inhalt der Geschichte auseinander zu setzen, Wichtiges herauszuarbeiten und Schülererfahrungen auf freiwilliger Basis einfließen zu lassen. Dadurch wird es für die Sch. unter Umständen einfacher, ihre Gedanken schriftlich zu fixieren.

Unterrichtsgespräch:
Im Kreisgespräch stellen die Sch. anschließend ihre Gedanken vor. Dies sollte aber auf jeden Fall freiwillig geschehen. Auf eine empfindsame Gesprächslenkung ist bei diesem Thema besonders Wert zu legen.

Weiterführung:
- Herstellen einer Zeitdose.

Im Inneren einer leeren Dose wird ein Faden ca. 50 cm lang befestigt. Daran wird ein andersfarbiger Faden geknotet. Der erste Faden steht für die Vergangenheit. An ihm werden von den Sch. beschriebene Streifen aus Papier (deren Enden um den Faden zusammengeklebt werden) befestigt, die bestimmte Abschnitte und wichtige Daten aus dem vergangenen Leben beinhalten. Der Knoten verkörpert die Gegenwart und der andersfarbige Faden die Zukunft. An ihm befestigen die Sch. von ihnen beschriftete Papierstreifen, die Zukunftsvorstellungen beinhalten.

Fächerverbindende Bezüge: D/HS/KU

S. 18 „Peters Großvater ist tot"

Der Tod eines nahe stehenden Menschen trifft uns oft unvorbereitet. Besonders für Kinder ist es ein unbegreifliches Erlebnis. Wie können wir sie in ihrem Schmerz um den Verlust eines lieben Menschen begleiten? Behutsam will diese Seite den Kindern Wege zeigen, wie Peter mit dem Tod seines Großvaters umgeht und auf welche Weise man eines Menschen gedenken kann. (Siehe auch S. 16; Förderung der Sozial-, Sach- und Methodenkompetenz).

Einstieg:
Im Stuhlkreis sind auf einem Tuch eine Vase mit Blumen, eine Kerze, Bilder von Friedhöfen, Trauerkarten und Todesanzeigen zu sehen. Die Sch. lesen leise das Gedicht. Ein Sch. liest es vor.

Unterrichtsgespräch:
Im Gespräch sollen die Sch. herausarbeiten, was der Großvater zu seinen Lebzeiten tat. Die entsprechenden Textstellen können auch unterstrichen werden.
- Wie reagiert Peter auf den Tod seines Großvaters?

- Was tut Peter jetzt nach dem Tod des Großvaters? Finde die entsprechenden Textstellen.
- Welche Erkenntnis steht am Ende des Textes?

Partnerarbeit:
- Besprich mit deinem Partner die abgebildeten Möglichkeiten, eines Menschen zu gedenken.
- Kennt ihr noch weitere Möglichkeiten der Erinnerung? (z. B. Todesanzeigen, Trauerkarten, Blumen als Grabschmuck – deren Bedeutung klären)
- Eine kurze Auswertung der Partnerarbeit sollte sich anschließen.

Weitere Möglichkeiten:
- Die Sch. erzählen von eigenen Erfahrungen und Erlebnissen.
- Die Ethikguppe besucht gemeinsam einen Friedhof, betrachtet die Gräber, deren Gestaltung. Vor dem Friedhofsbesuch werden die Sch. mit den dortigen Verhaltensregeln vertraut gemacht. Die Rituale bei einer Beerdigung können den Kindern auch bekannt gemacht werden.
- Susan Varley: Leb wohl, lieber Dachs, Annette Betz Verlag, Wien 1984 mit Sch. lesen.

Literatur:
- Daniela Tausch-Flammer/Lis Bickel: Wenn Kinder nach dem Sterben fragen, Verlag Herder, Freiburg/Brsg. 1994
- Marielene Leist: Kinder begegnen dem Tod, Gütersloher Verlagshaus 1987

S. 19 „Die Zeit erzählen"

Dass Leben sich wandelt, können Kinder nicht nur an der eigenen Biographie, wie es im Unterricht der 1. und 2. Klasse erarbeitet wurde, sondern auch im Zeitrahmen mehrerer Generationen erfahren. Ziel der Arbeitsheftseite ist es, den eigenen Lebensweg in den größeren Rahmen der Familienbiographie zu stellen und damit eine Tiefendimension von Identität zu eröffnen. Zugleich kann mit der Zeiteinheit der Generation ein Verständnis von historischer Zeit angebahnt werden. Mit den Jahresringen eines Baumes ist zugleich eine Perspektivenerweiterung auf mehrere Jahrhunderte möglich, die dann allerdings mithilfe einer Zeitleiste gefüllt werden müssten.
Die Arbeitsheftseite bewegt sich im Zeitrahmen erzählter (und fotografierter) Familienbiografien (vier Generationen) und ordnet darin allgemein historische Daten ein (die nach Belieben erweitert werden können).

Einstieg:
Im Kreis bis 365 zählen – Kinder staunen über den Zeitraum eines Jahres.

Problem:
Jahresringe einer mitgebrachten (oder selbst gemalten) Baumscheibe von Sch. schätzen, danach zählen lassen *(das laufende Jahr = äußerster Ring)*.

Erarbeitung 1:
Sch. notieren die richtigen Jahreszahlen auf die Kalenderblätter (evtl. vorab die Sch. bitten, die Geburtsdaten ihrer Eltern und Großeltern zu erkunden). Sch. wählen die Kalenderblätter auf dem Arbeitsblatt, die nun mit Jahreszahlen versehen sind, aus und markieren mit Filzstift/Klebepunkten den entsprechenden Jahresring oder ziehen von jedem Kalenderblatt aus eine Linie bis zu dem richtigen Jahresring, der sich in dem Jahr gebildet hat, in dem das geschilderte Ereignis stattgefunden hat.

Erarbeitung 2:
Sch. markieren zuerst, von außen beginnend, je 25 Jahre (= eine Generation) in einer vorher gemeinsam vereinbarten Farbe und verbinden anschließend die Kalenderblätter durch einen Strich mit den ihnen entsprechenden Jahresringen.
Kontrolle: gemeinsame Kalenderblätter: der x-te Jahresring in ...,
Geburtsjahr meiner Mutter im x-ten Jahresring in ... (ein anderes Kind nennt das Datum).

Weiterführung:
- Projekt: Gestaltung eines Buches „Meine Reise in der Zeit".

Die Begriffe Vergangenheit, Gegenwart und Zukunft werden im Unterrichtsgespräch geklärt und finden so Niederschlag in diesem Projekt. In einer Stunde gestalten Sch. das Deckblatt zu ihrem Buch und erhalten den Auftrag, Materialien für das Buch zu sammeln.
Folgende Gestaltungsmöglichkeiten bieten sich an:
Deckblatt: Zeitwörter (Zeitreise, Zeitvergeudung, ...), Zeitwortgruppen (Zeit verschwenden, Zeit zurückdrehen, ...), Begriffe, die mit der Zeit in Verbindung stehen, finden und gestalterisch anordnen (Wachsen, Veränderung, Uhr, Kalender, ...), Porträt zeichnen, verschiedene Uhren zeichnen.
Für den Innenteil: Vergangenheit: Bilder aus der frühen Kindheit, Kinderzeichnungen, Bastelarbeiten, kurze, schriftlich fixierte Episoden. Gegenwart: Kinderfotos, Handabdruck, aktuelle Zeitungsausschnitte, Aussagen der Eltern über ihre Kinder, Freunde, Hobbys, Stärken und Schwächen aufschreiben, letzte Kinderzeichnung. Zukunft: Geschichte zum Thema „Leben im Jahr 2050", Zeitreisemaschine malen, Zeichnung „Mein Beruf" oder „Meine Familie", Reporter unterwegs. Die Sch. erarbeiten sich Fragen zur Zukunft und stellen sie ihren L., Mitsch. und Eltern vor.

Fächerverbindende Bezüge: D/HS/KU

S. 20 „Was nun?"

Entscheidungen müssen fast alltäglich getroffen werden. Auch von Kindern. Sicher werden Kinder ihre Entscheidungen oft nach Interessen und momentanen Bedürfnissen treffen und weniger durch vorausschauende Überlegungen und bewusstes Abwägen. Die dargestellte Situation kann Sch. zum Nachdenken,

Abwägen und vorausschauenden Denken anregen und sie dazu veranlassen, auch mögliche Folgen ihres Handelns zu bedenken.
(Vgl. auch Arbeitsheftseiten 21, 24, 9; Förderung der Selbst-, Sach-, Methodenkompetenz).

Einstieg:
In der Mitte eines Sitzkreises liegt eine Wortbildkarte *„Was nun"* (oder an der Tafel). L. lässt Sch. vermuten, was für eine Geschichte sich hinter der Frage verbergen könnte, evtl. im Rollenspiel vorstellen lassen.

Problemstellung/Erkenntnis:
Betrachtung der Seite. Was haben eure Geschichten mit der hier geschilderten Situation gemeinsam? Erkenntnis: Es geht immer um Entscheidungen.

Problemlösung:
Einzelarbeit: Überlegt, welche Gedanken Martin durch den Kopf gehen könnten und ob ihm die Entscheidung schwer fällt.
Wie wird sich Martin entscheiden? Begründet eure Aussagen!

Ergebnissicherung:
Sch. tragen ihre Ergebnisse im Sitzkreis vor und begründen sie.
Im Gespräch sollte herausgearbeitet werden, welche Folgen welche Entscheidung haben könnte und dass es häufig Kompromisse gibt (hier: erst der Einkauf mit Mutter, dann, etwas verspätet, das Spiel), dass die Situation der anderen in die Entscheidungsfindung miteinbezogen werden sollte.

Empathieübung:
Spielt die Situation nach und versucht verschiedene Möglichkeiten der Entscheidungsfindung und deren mögliche Folgen vorzustellen. Wie könnten sich die Personen fühlen, die von der Entscheidung betroffen sind?

Transfer:
- Welche Entscheidungen musstet ihr schon treffen? Wie habt ihr euch dabei gefühlt?
- Wann fiel euch eine Entscheidung leicht, wann schwer und warum?
  Gab es Entscheidungen, die du später bereut hast? Wie hast du dich dann gefühlt?
- Hast du schon Entscheidungen treffen müssen, die auch andere betroffen haben?
  Wie bist du bei der Entscheidungsfindung vorgegangen?

Der Transfer kann in Form eines Gesprächs stattfinden oder durch Darstellung anhand einer Bildergeschichte etc. (Materialien müssten im Vorfeld als Hausaufgabe gesammelt werden).

Hausaufgabe:
Sammelt Zeitungsausschnitte oder befragt eure Eltern über Entscheidungen, die das Leben wesentlich verändert haben.

Weiterführung:
- Rollenspiel: Sch. spielen Situationen vor, in denen die Entscheidung offen bleibt, Mitsch. finden verschiedene Möglichkeiten und erläutern, welche Überlegungen zu dieser Entscheidung führten.

Erkenntnis:
Entscheidungen sind nicht immer leicht zu treffen. Man sollte überlegen, ob eine Entscheidung und die entsprechende Handlung nur die eigene Person betrifft oder ob auch andere davon betroffen sind. Eine getroffene Entscheidung ist nicht immer unmittelbar ein Vorteil für die eigene Person, kann aber dafür anderen helfen bzw. der Situation gerecht werden. Häufig lassen sich auch Kompromisse finden.

Fächerverbindende Bezüge: D/KU

S. 21 „Eine schwere Entscheidung"

Die Eltern sind die Ersten, an denen das Kind Wertvorstellungen des menschlichen Zusammenlebens ablesen und diese imitieren kann. Der Ethikunterricht dient der Auseinandersetzung mit diesen unterschiedlichen Auffassungen über Regeln und Gebote. Damit erhalten die Kinder Gelegenheit, über gerechtes und ungerechtes Verhalten nachzudenken, eigene Standpunkte zu finden und zu begründen. Dieser Gesprächsanlass beinhaltet Möglichkeiten zum Philosophieren mit Kindern. (Siehe auch S. 20; Förderung der Sozial-, Methoden- und Sachkompetenz. Die Seite kann im Verlauf des Schuljahres gezielt zur Lösung von aufgetretenen Konfliktsituationen eingesetzt werden.)

Einstieg:
L.: Im Leben müssen Entscheidungen getroffen werden. Oft tun dies in wichtigen Fragen eure Eltern. Dabei müssen viele Seiten bedacht werden, um möglichst gerecht zu entscheiden. Es kann passieren, dass ihr die Sache ganz anders seht.
L. teilt kleine Wolken aus Papier aus mit dem Arbeitsauftrag: Schreibt in die Wolken, was ihr gerne einmal entscheiden würdet.
Im Anschluss stellen die Sch. ihre Wolken der Klasse zur Diskussion vor und gelangen zu der Erkenntnis, dass das Fällen von Entscheidungen ein schwieriger Prozess ist.

Einzelarbeit:
Sch. lesen sich die Sprechblase und die möglichen Verhaltensweisen von Lena auf der Seite durch und entscheiden für sich allein, welchem Gedanken Lenas sie zustimmen oder nicht. Die letzten beiden Zeilen sollen noch nicht ausgefüllt werden.

Unterrichtsgespräch:
Im Gespräch erörtern die Sch. ihre Entscheidung und begründen ihre Meinung. Dabei werden sie erkennen, dass jeder eine andere Auffassung über den Umgang

mit fremden Eigentum haben kann und entsprechend dem Vorfall eine andere Gewichtung und Wertung geben wird.
Im Anschluss nutzt jeder Sch. die zwei leeren Zeilen, um seine eigene Meinung schriftlich zu fixieren.

Szenisches Gestalten:
Nach einer Absprache mit dem Partner spielen die Sch., wie das Gespräch von Susi und Lena verlaufen könnte. Danach können die Rollen getauscht werden.

Weiterführung:
- Mit der Geschichte „Gerechtigkeit" kann das Thema erweitert werden. Nach dem Vorlesen und dem Gespräch darüber können die Sch. versuchen, einen imaginären Besitz des Reichen gerecht in zwei Hälften aufzuteilen. Anschließend sollten die Sch. gefragt werden: Was habt ihr festgestellt?

Gerechtigkeit

Ein Reicher wollte angesichts des nahen Todes sein Hab und Gut unter seine beiden Söhne verteilen. Da er wusste, dass jeder von den beiden seinen Vorteil suchte und dem andren nichts gönnte, ließ er einen Notar rufen und übergab ihm ein Verzeichnis seiner Habe und verfügte als seinen letzten Willen: „Nach meinem Tode soll mein ältester Sohn meine Besitztümer in zwei Hälften teilen, wie es ihm rechtens erscheint. Mein jüngster Sohn aber soll davon zuerst die Hälfte wählen, die er haben möchte. Danach müssten wohl beide zufrieden sein."

Aus: Willi Hoffsümmer (Hg.), Kurzgeschichten 2, Nr. 175, © Matthias Grünewald Verlag, Mainz 1983

- Die Sch. sammeln Ideen für eine Fantasiegeschichte „Mein Besuch im Land der Gerechtigkeit".

Fächerverbindende Bezüge: D/HS

S. 22 „Frau Holle"

Selbstverantwortetes Handeln beruht auf begründeten eigenen Entscheidungen. Das Märchen „Frau Holle" in seiner Dopplung von Goldmarie und Pechmarie eignet sich besonders gut, Begründungen für getroffene Entscheidungen nachzuvollziehen.
In diesem Märchen wird das Handeln aus innerer Überzeugung und in eigener Verantwortung einer nur auf den eigenen Nutzen und Vorteil bedachten Handlungsweise gegenübergestellt. Erst dort, wo das Kind sich in seinen Beziehungen, besonders zu seinen Eltern, am Ende dünkt und in den Abgrund zu stürzen meint, eröffnet sich ein neuer Weg und Lebensabschnitt, in dem das Kind auf eigenen Füßen weitergehen und selbst verantwortliche Aufgaben übernehmen muss.
Ziel der Arbeitsseite ist es, die eigenverantwortliche Haltung der Goldmarie zu unterscheiden von den bewusst ambivalent formulierten Klischees und sprichwörtlich tradierten Verhaltensnormen. (Siehe auch S. 20, 21: Entscheidungen; Förderung der Selbst-, Sach- und Methodenkompetenz.)

Einstieg:
Darbietung des Märchens durch Vorlesen oder durch freies Nacherzählen.

Erarbeitung:
Getrenntes Rollenspiel über Goldmaries und Pechmaries Geschichte mit ihrer Mutter und mit Frau Holle. L.: Sprich beim Spielen auch aus, was das Mädchen denkt und fühlt. Partner- oder Gruppenarbeit mit der Arbeitsseite; Hinweis auf Sprechblase, Lösungswort: VERANTWORTUNG.

Vertiefung:
Sch. nennen Beispiele, in denen sie selbst mit Freude / bereitwillig wie Goldmarie Verantwortung übernommen haben und wo sie manchmal wie Pechmarie auch nicht so gerne Verantwortung übernehmen oder sie auf andere abschieben („... war schuld ..."). L.: – Könnten Gold- und Pechmarie sogar ein Kind sein?, – Könnte die Stiefmutter auch Goldmaries Mutter sein?

Fächerverbindende Bezüge: D/KU/HS

MITEINANDER **Klasse 3/4**

Schon mit den Themen des Ethik-Arbeitsheftes für das 1. und 2. Schuljahr wurde in elementarer Weise die Erkenntnis angebahnt, dass die Möglichkeiten und Bedürfnisse des Einzelnen sich nur innerhalb sozialer Bindungen und Regeln verwirklichen lassen. Betrachtet wurden Beziehungen im Umfeld der Kinder, wie sie in Familie und Nachbarschaft, bei Freundschaften und Gemeinschaften in Schule und Freizeit gegeben sind.
Diese Lebensbereiche werden auch im Unterricht der 3. und 4. Klasse behandelt, wobei nun die wachsende Bereitschaft der Sch., ihre eigenen Motive und ihr Handeln zu bedenken und zu steuern, angesprochen und gefördert werden soll. Hierin liegt die Voraussetzung für die im Ethikunterricht angestrebten Fähigkeiten, sich in andere hineinzuversetzen, Konflikte zu bewältigen oder als unlösbare auszuhalten, Freude und Leid zu teilen und damit Verantwortung in der Gemeinschaft übernehmen zu können.

S. 23 „Wen du brauchst“

Auf dieser Seite wird noch einmal herausgearbeitet, wer wichtig ist für mein Leben, wen ich zum Glücklichsein brauche, wer mich tröstet und wer zu mir steht auch in schwierigen Situationen. Nicht nur das Empfangen von Fürsorge, auch das Geben von Liebe und Freundschaft kann angesprochen werden. (Förderung der Sozial- und Selbstkompetenz).

Wiederholung:
Welche Begegnungen waren für dich wichtig und warum? Wie kann man mit Trennung und Abschied umgehen?

Einstieg:
- Wir wollen heute überlegen, wer wichtig ist für unser Leben, wen wir zum Leben brauchen.
- Höraufgabe: Versuche, dir eine Zeile, die dir wichtig ist, zu merken und überlege, wen du dazu brauchst.
- L. liest Gedicht aus dem Arbeitsheft zweimal vor.

Erarbeitung:
- Sch. äußern sich spontan zum Gedicht.
- Unterrichtsgespräch: Welche Zeile war dir wichtig? Wen brauchst du dazu?
- Sch. lösen in Einzelarbeit die Aufgaben.

Auswertung:
- Sch. können zwanglos durch den Raum gehen und sich gegenseitig die gestalteten Seiten zeigen. Dabei sollte noch einmal darauf hingewiesen werden, dass jede Arbeit ernst genommen und geachtet wird.
- Sitzkreis. Welche Gemeinsamkeiten und Unterschiede habt ihr auf euren Seiten festgestellt?
- Warum gab es so viele Gemeinsamkeiten, oder warum und wo gab es Unterschiede?

Differenzierung:
Wer möchte, kann das Gedicht ergänzen oder ein neues Gedicht dazu schreiben.
Du kannst dazu auch ein Bild gestalten.

S. 24 „Die goldene Regel“

Regeln sind Grundvoraussetzungen für ein Zusammenleben der Menschen. Diese Seite kann den Kindern helfen, über Normen nachzudenken. Dabei wird deutlich, dass bei der Alterspezifik des Schulkindes ein hohes Maß an Mut dazugehört, um Verantwortung zu übernehmen.

Einstieg:
Durch die Geschichte „Ein Dorf ohne Regeln“ und das anschließende Gespräch werden die Sch. angeregt, darüber nachzudenken, dass unser Leben von Gesetzen, Regeln und Geboten beeinflusst wird und es kein befriedigendes Miteinander ohne sie geben kann.

Das Dorf ohne Regeln

Die Leute im Dorf hatten die Regeln satt. Alles war vorgeschrieben, wann sie aufstehen, wann sie zur Arbeit gehen sollten, wann Sonntag war und wann Werktag. Den Schülern wurde vorgeschrieben, wann die Schule beginnt, dass sie ein Taschentuch bei sich tragen und zu Hause die Zähne putzen sollen. Es gab Regeln, wie man über die Straße geht, wie lange man am Abend duschen darf und wie lange Klavier spielen.
Es waren wirklich viele Vorschriften, und die Leute beschlossen: Von heute an gelten keine Regeln mehr. Das war schön. Die Schule war natürlich leer, weil alle Kinder baden gingen. Die Leute stellten ihre Stubentische auf die Straße, weil es dort so sonnig war. Die Jungen drehten die Stereoanlage auf und ließen sie vierundzwanzig Stunden laufen. Als Peter aus dem Wasser stieg, fand er seine Hosen nicht mehr. Klaus hatte sie angezogen. „Es gibt keine Regeln mehr“, rief er und sprang davon. Maja fand in ihrem Zimmer die kleine Esther vom oberen Stock. Sie war gerade dabei, Majas Lieblingspuppe zu operieren. „Was machst du da?“ „Es gibt keine Regeln mehr“, sagte Esther, packte Majas Puppe zusammen und ging davon. „Ich war in der Schule“, sagte Bruno. „Lüg mich nicht an!“, schrie der Vater. „Es gibt keine Regeln mehr“, sagte Bruno, „also hab ich nicht gelogen.“ Als die Leute im Dorf einschlafen wollten, schmetterten die Lautsprecher noch immer. Viele fanden ihr Geld nicht mehr. Kinder schliefen dort, wo sie gerade waren. Auf der Straße hupten die Autos, die in die stehen gebliebenen Tische krachten. „Wo sind die Kinder?“
„Wer hat meinen Stubentisch ruiniert?“
„Wo ist mein Geld?“
„Wo ist die Polizei?“
Aber auf der Polizeinummer meldete sich niemand. Denn wenn es keine Regeln gibt, braucht es auch niemand, der sie schützt. Noch in der selben Nacht begann einer die Kirchenglocke zu läuten. Die Leute eilten zusammen, und einer rief: „So können wir nicht leben!“
„Nein, so können wir nicht leben!“, riefen alle zurück.
„Wir müssen Regeln haben!“, rief der eine.
„Ja, wir wollen wieder Regeln“, riefen alle zurück.
Und sie begannen, Regeln aufzustellen: Die Kinder sollen den Eltern gehorchen. Die Eltern sollen die Kinder lieben. Man darf einander nicht weh tun. Niemand darf dem andern etwas wegnehmen. Man muss die Wahrheit sagen.
„Ja, diese Regeln wollen wir“, sagten alle und gingen friedlich in ihre vier Wände zurück.

Aus: Josef Osterwalder, Erzähl mir eine Geschichte von Gott, Matthias Grünewald Verlag, Mainz 1993

Unterrichtsgespräch:
Die Sch. tragen verschiedene Bereiche des Lebens zusammen, die von Regeln abhängig sind, z. B. den Verkehr, Sport und Spiel, die Schule, das Gericht etc.
Frage: Gibt es auch Regeln für das Verhalten? Welche?
L. teilt jedem Sch. ein Blatt aus, mit der Aufforderung, die wichtigste Regel des Verhaltens aufzuschreiben. Alle Zettel werden an die Tafel geheftet und zwei Sch. ordnen die Aussagen gleichen Inhalts.
Eine Regel ist in Versform festgehalten, die „Goldene Regel“. L. zeigt sie auf dem Overhead-Projektor und die Sch. beurteilen, ob ihre Regeln an der Tafel in die „Goldene Regel“ einfließen können.

WAS DU NICHT WILLST, DAS MAN DIR TU, DAS FÜG AUCH KEINEM ANDERN ZU.
Oder: BEHANDELE ANDERE SO, WIE DU SELBST BEHANDELT WERDEN WILLST.

Oder: VERLANGE NICHT VON ANDEREN, WAS DU SELBST NICHT BEREIT BIST ZU TUN.

Einzelarbeit:
Die erste Aufgabenstellung auf diesem Arbeitsblatt führt dazu, dass die Sch. die „Goldene Regel" auf ihr eigenes Leben übertragen und ihr Verhalten analysieren. Die Ergebnisse werden der Klasse vorgestellt.

Unterrichtsgespräch:
- Trifft die „Goldene Regel" auch für den Umgang mit Tieren und Pflanzen zu? Begründe deine Meinung!

Dazu gibt es ebenfalls eine Spruchweisheit: Quäle nie ein Tier zum Scherz, denn es fühlt wie du den Schmerz.
Überleitung: Stellt euch vor, euch stiftet jemand dazu an, gegen diese Regeln zu verstoßen. Dann ist es wichtig, dass ihr Verantwortung für euer Verhalten übernehmt und evtl. auch „Nein" sagen könnt.

Arbeitsauftrag:
Die Sch. schauen sich das Bild auf der Seite an, sprechen darüber und erzählen von ähnlichen Situationen. Mögliche Frage: Warum ist das mutig? Sch. fixieren ihre Gedanken schriftlich und stellen sie der Klasse vor.

Weiterführung:

> **Das Nein-Spiel**
>
> Manchmal kommt es dir vielleicht komisch vor, einfach nein zu sagen. Aber du kannst es ja üben – mit einer Freundin, einem Freund oder einem anderen vertrauten Menschen.
> Bittet euch abwechselnd um einen Gefallen – natürlich nur im Spiel. Antwortet auf die Bitten immer mit nein. Versucht, euer Nein auf verschiedene Arten zu sagen. Erzählt einander, was für ein Gefühl das ist, nein zu sagen. Übt miteinander, wie ein selbstbewusstes Nein klingen sollte – klar und fest, aber ohne der anderen Person weh zu tun.
>
> Aus: Pat Palmer, Die Maus, das Monster und ich, Donna Vita Verlag, Ruhmark 1993

- In verschiedenen Gruppen können Regeln zu folgenden Themen zusammengetragen, plakativ festgehalten und vorgestellt werden: Rund ums Essen, im Theater, beim „Mensch ärgere dich nicht"-Spiel, auf dem Schulweg, zu Besuch bei fremden Leuten, im Klassenzimmer.

Fächerverbindende Bezüge: D/HS/KU

S. 25 „Wenn wir zusammenstehen"

Das Lied von Rolf Krenzer zur Musik von Ludger Edelkötter (MC Spiellieder 6, „Du, ich geh einfach auf dich zu", Impulse Musik Verlag, 48317 Drensteinfurt) stellt eine Art Leitmotiv für viele Aspekte des Kapitels dar. Nicht nur der Wortsinn, sondern gerade auch seine Umsetzung in ein Bewegungsspiel zeigt, dass aus einem Miteinander und Füreinander eine neue Kraft erwächst, an der nicht jeder den gleichen, aber jeder seinen Anteil haben kann.

Hinführung:
a) Die Kinder lernen das Lied durch Hören kennen (Achtung: Auf der MC hat das Original 6 Strophen) oder durch L.vortrag . Sie äußern sich dazu, erzählen von Erlebnissen und entwickeln vielleicht selbst Ideen für eine spielerische Umsetzung.
b) Der Text auf wird gemeinsam erlesen und dann im Zusammenhang mit den Bildern erörtert und gedeutet. Ob an dieser Stelle auf konkrete Lebenserfahrungen der Kinder Bezug genommen wird, hängt von deren Beiträgen ab.

Erarbeitung:
Zunächst das Lied als Grundlage des Bewegungsspiels sichern. Während des Kehrverses wird von jedem Beteiligten ein weiteres Kind hinzugeholt und alle formieren sich neu zur Darstellung der nächsten Strophe. Die letzte auf der Seite vorgeschlagene Figur lässt die Anzahl der Beteiligten offen, so dass alle Kinder einer Klasse einbezogen werden können.
Mindestens ebenso wichtig wie die Darstellung der Formationen ist es nun, die während des Spielens abgelaufenen Prozesse miteinander zu besprechen. Dabei kann es um die Enttäuschung darüber gehen, dass man nicht zum erhofften Zeitpunkt zum Mittun geholt wurde, oder um den Ärger, dass jemand das Gelingen des Ganzen gestört hat. Man könnte auch zwischen Mitsch. geraten sein, die man sonst nicht sonderlich schätzt, und manches andere mehr. All dies sind Reibungspunkte, die auch beim Miteinander in konkreten Lebenssituationen auftreten und bewältigt sein wollen, ehe die Freude am gemeinsamen Schaffen genossen werden kann.

Weiterführung:
Lied und Spiel eignen sich für viele Wiederholungen, vielleicht sogar dazu, ein fester Bestandteil des Ethikunterrichts zu werden. Sie können durch eigene Ideen abgewandelt, ausgeweitet und durchaus auch einmal vor Zuschauern aufgeführt werden.

Fächerverbindende Bezüge: MU

S. 26 „Die Rechte der Kinder"

Neben anderen Regeln, Geboten und Gesetzen, wie Klassen- und Schulregeln, Verkehrsregeln usw. sollten die Sch. im Ethikunterricht auch mit den Rechten der Kinder vertraut gemacht werden. Mit der Auswahl einiger dieser Rechte werden sie auf dieser Seite zum Nachdenken über ihr Leben und das anderer Kinder, z. B. in der Dritten Welt, angeregt. Dass es daneben auch Pflichten für sie gibt, erkennen sie zwangsläufig. Die Vereinten Nationen wurden 1948 in New York gegründet. Sie legten damals die Grundrechte für alle Menschen fest: z. B. Freiheit, Gerechtigkeit und Frieden. Im „Übereinkommen über die Rechte des Kindes" haben die einzelnen Staaten der UNO in 54 Artikeln von 1979–1989 Kinderrechte festgelegt und beschlossen. In Deutschland ist das Übereinkommen am 5. April 1992 in Kraft getreten. Deshalb sind Bund und Länder verpflichtet, unseren Kindern diese Rechte zu sichern.

Vorbereitung:
In vorangegangenen Stunden haben die Sch. im Deutsch-, HS oder Ethikunterricht die Lebenssituationen von Kindern in Lateinamerika kennengelernt (Hunger, kein/wenig Wohnraum, kaum Schulbildung, schlechte ärztliche Versorgung, Kinderarbeit usw.).

Einstieg:
Die Sch. lesen die kurze Information über die UNO. L. kann evtl. weitere Aussagen dazu machen und Bildmaterial mitbringen (z. B. Gebäude der Vereinten Nationen in New York).

Unterrichtsgespräch:
Im Gespräch wird die inhaltliche Bedeutung der einzelnen zitierten Kinderrechte geklärt.

Einzelarbeit:
Nun soll jedes Kind für sich entscheiden, welche Rechte ihm am wichtigsten sind. Mit den Ziffern 1–6 kann es dies kennzeichnen.
In der Auswertung entwickelt L. ein statistisches Tafelbild und ermittelt so eine Rangfolge der Rechte aus der Sicht der Klasse. Die Sch. begründen diese Rangfolge.

Gruppenarbeit:
Sie versuchen, sich in die Situation von Pedro in Brasilien zu versetzen, und nummerieren die Kinderrechte aus seiner Sicht. Sie vergleichen sie mit der vorangegangenen Nummerierung und begründen die Unterschiede.

Erkenntnis:
Auf der Welt werden die Rechte der Kinder noch nicht genügend geachtet. Es muss noch vieles zugunsten der Kinder geändert werden.

Gedankenexperiment:
Das Lied von Herbert Grönemeyer „Kinder an die Macht" kann als Einstieg in dieses Gedankenexperiment dienen. Nachdem sich die Sch. mit dem Inhalt des Liedes vertraut gemacht haben, bekommen sie den Auftrag, darüber nachzudenken, wie es wohl sein könnte, wenn Kinder regieren würden.
Aufzeichnungen in Schrift oder Bild können dann in der Klasse besprochen und für alle sichtbar gemacht werden.

Weiterführung:
Pflichten der Kinder auf Plakate oder Tapetenrollen schreiben und ebenfalls im Klassenzimmer ausstellen.

Literatur:
„Die Rechte des Kindes", Georg Bitter Verlag, Recklinghausen 1993.

Fächerverbindende Bezüge: D/HS/KU

S. 27 „Nur Mut!"

Das Erzählgedicht von James Krüss hat Fabelcharakter. Es möchte auf humorige Weise dazu ermutigen, die Welt nicht den von Natur aus Großen und Starken zu überlassen. Jedes Mitglied der Gemeinschaft hat seine Daseinsberechtigung und einen Anspruch auf Beachtung von Regeln des Miteinanders wie Rücksichtnahme und Höflichkeit. Manchmal gilt es, diesen Anspruch mutig zu verteidigen.

Hinführung:
L. liest das Gedicht vor. Hierbei eröffnet sich zum einen die Möglichkeit, durch entsprechende Betonung die Situation lebendig darzustellen; zudem kann L. nach der dritten oder vierten Strophe innehalten, um den Kindern zwischendurch Gelegenheit zu Äußerungen über den vermuteten Fortgang der Dinge zu geben.

Erarbeitung:
- Wenn die ersten sieben Strophen vorgetragen und dann auch von den Kindern selbst gelesen sind, hält L. wieder für ein Gespräch inne.
- Jedes Kind sucht sich die fehlenden Strophen auf der Ausschneideseite und fügt sie in der sinngemäß richtigen Folge dem Text an. Danach bereitet es sich durch mehrmaliges stilles Lesen auf einen Textvortrag in der Klasse vor.

Vortrag/Szenisches Spiel:
- Die beste Wirkung wird dabei sicherlich durch ein Vorlesen mit verteilten Rollen erzielt. Erzähler, Eichhorn und Bär wetteifern in ihrem Bemühen um eine ausdrucksvolle Betonung, wobei der Erzähler wohl den anspruchsvollsten Part wahrnimmt.
- Eine spielfreudige Klasse wird darüber hinaus das Gedicht gern in eine kleine Szene umsetzen.

Unterrichtsgespräch:
Zur Abrundung können in einem Unterrichtsgespräch den beiden Tieren Eigenschaften zugeordnet werden, etwa durch Adjektive (auch Adverbien und Partizipien), die an der Tafel gesammelt und vielleicht von den Kindern in Farbe auf ihr Blatt übernommen werden.
So wären etwa auf dem Pelz des Bären diese Begriffe passend: stark, schwer, tapsig, gedankenlos, verwundert, einsichtig, gutmütig ... Das Eichhörnchen könnte solcherart Wörter um sich herum finden: verletzt, wütend, mutig , tapfer, stolz, großzügig, friedfertig ...

Weiterführung:
Es können in einem Unterrichtsgespräch – oder als Hausaufgabe – Probleme zur Sprache kommen, die

sich ergeben könnten, wenn der tapfere Willibald einem weniger gutmütigen Bären begegnen würde.

S. 28 „Das alles zählt für uns"

Diese Seite möchte eine Erfahrung vermitteln, die alle Kinder schon gefühlsmäßig teilen: Für die Empfindung von Glück, Zufriedenheit und Geborgenheit sind Menschen auf Lebensqualitäten angewiesen, die über das Materielle und Messbare hinausgehen. Bei der intensiven begrifflichen Arbeit zu diesem Blatt erkennen die Sch., dass wir gleiche Adjektive für ganz unterschiedliche Sachverhalte verwenden.
Die Auseinandersetzung mit der sprachlichen Ebene ist wichtig, weil die Entwicklung der Kommunikationsfähigkeit wesentliches Ziel des Ethikunterrichts ist. Bedeutsam ist sie v. a. in allen Konfliktsituationen, aber ebenso in Prozessen der Zuwendung und des Trostes wie in denen der Ablehnung und Verletzung. Die Kinder sollen im Ethikunterricht Gelegenheit haben, über die Bedeutung und Tragweite ihres Sprechens und Handelns nachzudenken, ohne direkt mit entsprechenden Folgen konfrontiert zu sein.

Einstieg:
Die Sch. tragen in einem kurzen Gespräch zusammen, was sie alles messen können. Als praktische Tätigkeit empfiehlt sich z. B.:
- Messe deine Bank in Daumenbreiten!
- Zähle die Schritte bis zur Tafel!
- Messe die Tiefe des Papierkorbes!
- Zähle die roten Pullover deiner Mitschüler!
- u. Ä.

Einzel- oder Partnerarbeit:
Das Arbeitsblatt wird anschließend zur selbstständigen Auseinandersetzung angeboten, mit dem Hinweis, dass es auch viele Dinge gibt, die wir nicht messen können. Die Sch. sollen sich zunächst nur mit den Lückentexten auseinander setzen und passende Wörter hineinschreiben.
Es gibt mehrere richtige Lösungen. In der Reihenfolge der Zeilen könnten z. B. folgende Wörter gefunden werden: (1. Block:) viele, schnell, tief, schwer, lang; (2. Block:) alleine, gutes/liebes, wertvoll/teuer, schwer/hart, tief, groß.

Unterrichtsgespräch:
Die Sch. stellen ihre Gedanken vor. Im Austausch über die dabei eingesetzten Wörter und entstandenen Aussagen erkennen die Sch., dass das gleiche Adjektiv unterschiedliche Sachverhalte beschreiben kann. So kann sich *tief* sowohl auf eine messbare räumliche Ausdehnung als auch auf die Intensität eines Gefühls beziehen. *Schwer* bezeichnet sowohl ein messbares Gewicht als auch die Heftigkeit eines Tuns oder Erleidens.
In einer kurzen Stillarbeitsphase sollen die Sch. selbst Aussagen formulieren und anschließend der Klasse vorstellen, wobei das eine oder andere Kind ausführlicher erzählen wird.

Im weiteren Gesprächsverlauf wird darauf eingegangen, dass wir häufig für Sachverhalte und Gefühle, die nicht messbar sind, Vergleiche suchen und auf passende Redensarten zurückgreifen, z. B.:
Das Mädchen ist flink wie ein Hase, deine Liebe ist mehr wert als tausend Taler, ein falsches Wort wiegt mehr als ein Güterzug/verletzt wie ein Dolch, mir ist ein schwerer Stein vom Herzen gefallen.

Weiterführung:
- In dem Kinderbuch „Weißt du eigentlich, wie lieb ich dich hab?" von Sam McBratney u. a. (Verlag Sauerländer) werden viele schöne Vergleiche über die Größe einer Liebe gefunden, z. B. „Ich hab dich lieb, so hoch ich reichen kann."
- Auf ein Herz oder eine Karte können selbst gefundene Vergleiche der Liebe zu Mutter, Vater oder auch zu Freunden aufgeschrieben, gestaltet und verschenkt werden.

Fächerverbindende Bezüge: D/HS/MA/KU

S. 29 „Zwei Euro – na und?"

Die Seite thematisiert eine Erfahrung, die jedes Kind auf die eine oder andere Weise schon durchlebt hat: Es versucht, seine materiellen Wünsche mit den gegebenen Möglichkeiten in Einklang zu bringen, und stößt dabei an Grenzen. Bei einer scheinbar günstigen Gelegenheit gibt es der Begehrlichkeit nach und langt zu. Es weiß durchaus, dass es etwas genommen hat, was ihm nicht gehört, und gerade deshalb fällt das Eingeständnis so schwer.
Der Text wurde gewählt, weil er ein vergleichsweise geringfügiges Vergehen, aber eine gewiss nicht ganz selten auftretende Alltagssituation schildert. Und zwar aus der Innensicht dessen, der sich falsch verhält und keinen geeigneten Weg der Schadensbegrenzung findet.

Einstieg:
- Lesen der Geschichte auf dem Blatt (der 2. Teil der Geschichte ist auf der Ausschneideseite 59). Eine kurze Pause nach dem ersten Absatz schafft Raum für Schüleräußerungen über die eigene Taschengeldanlage und über unerfüllte Wünsche.

Erarbeitung:
- Die Problemstellung ist eine doppelte: Peter bestiehlt seinen Klassenkameraden und bringt es dann nicht fertig, das zuzugeben. Bevor das zweite Problem in seiner Eigendynamik näher betrachtet wird, sollten die Sch. in Einzel- oder Partnerarbeit Gelegenheit haben, über eine mögliche Zuspitzung oder auch Lösung des gegebenen Konflikts nachzudenken und einen möglichen Fortgang der Geschichte bzw. ihre Vorstellungen in Stichworten auf den vorgesehenen Linien zu notieren.
- Nach dem Vortragen und kurzen Besprechen der einen oder anderen Fortsetzungsgeschichte bzw. der

Stichwörter ein klärendes Gespräch über den wünschenswerten Umgang mit Mein und Dein führen.
- Im Anschluss daran wird durch die Weiterarbeit am Text auf der Ausschneideseite 59 die nächste Problemebene behandelt: das Leugnen der eigenen Tat. Peter findet solange Gründe für seine Unschuld, bis er selbst glaubt, nichts Unrechtes getan zu haben und sich als Opfer von Verleumdung darstellen kann. Das macht jede Wahrheitsfindung vor sich selbst und vor anderen und damit ein verträgliches Bereinigen der misslichen Lage unmöglich. Es belastet auf Dauer das soziale Klima in einer Gemeinschaft.
- Diese Konsequenzen sollen durch eine Beschäftigung mit der abschließenden Frage „Wem schadet Peter mit seinem Verhalten?" zumindest ansatzweise deutlich werden.

Fächerverbindende Bezüge: D

S. 30 „Mehr als Freundlichkeit"

Nicht nur die Hilfe unter Freunden ist für die Sch. nachvollziehbar, sondern auch andere Hilfsmöglichkeiten können in diesem Zusammenhang erarbeitet werden. Die Hilfe beim Älterwerden und bei Krankheit müssen besonders sensibel behandelt werden, weil Verständnis und Rücksichtnahme in solch ausgewählten Situationen nicht vorausgesetzt werden können. Diese Seite soll die Sch. zum vertiefenden Nachdenken und zur Meinungsbildung zum Thema „Helfen" anregen und die Grenzen des Vordergründigen überschreiten.

Einstieg:
An der Tafel oder auf einem großen Plakat steht die Spruchweisheit:
Helfen heißt: Nicht nur an sich denken.
Der Einfachheit halber kann der Satz umformuliert werden, z. B.: Wer an andere denkt, geht den ersten Schritt zum Helfen. Oder: Wer andere wahrnimmt, ...
Spontan äußern sich die Sch. zu diesem Satz. Es wird besprochen, wer alles Hilfe braucht. Mit Sicherheit werden dabei die Themen „Behinderung", „Krankheit" und „Anderssein" angesprochen.

Einzelarbeit:
Jeder Sch. liest sich den Text zum Bild 1 durch, entscheidet sich und versucht, seine Meinung schriftlich darzulegen. Hinweis: Möglichst mit Bleistift schreiben, damit nach dem Gespräch mit den anderen Sch. noch geändert oder ergänzt werden kann.

Unterrichtsgespräch:
In einer gemeinsamen Gesprächsrunde sollen die Sch. ihre Meinung vorstellen. Dabei kann eine Verbindung zur Überschrift geschaffen werden.

Interaktionsspiel:
Der Blindenführer: Ein Sch. führt seinen anderen Partner mit verschlossenen Augen durch das Zimmer oder durch ein Gelände. Dabei darf sich der „Blinde" nicht stoßen oder hinfallen. Er muss sich auf den „Sehenden" verlassen können und seine Hilfe annehmen. Danach äußern sich die Sch. darüber, wie sie es empfunden haben, Hilfe anzunehmen und nichts zu sehen.

Partner- oder Gruppenarbeit:
Weil beim Bild 2 zu erwarten ist, dass verstärkt gegensätzliche Meinungen auftreten (oft geprägt von elterlichen Wertvorstellungen), sollen die Sch. mit einem Partner oder in einer Gruppe ihre Gedanken zu diesem Bild austauschen und erst dann eine eigene schriftliche Begründung darlegen.

Auswertung:
An der Tafel sammelt L. die Argumente (Pro und Kontra). Es soll dabei keine eindeutige Einordnung von richtigem oder falschem Verhalten von den Sch. oder vom L. erwartet werden. Das Verhalten in dieser Situation ist davon abhängig, wie der Beobachter den Wert einer Sache wahrnimmt. Diese Wahrnehmung wird bestimmt durch seine Bedürfnisse, die gesammelten Erfahrungen und das daraus resultierende Urteil.

Weiterführung:
- Das Thema „Anderssein" bietet viele ethische Ansätze zur weiteren Wertediskussion. Hier eignet sich der Einsatz des Liedes „Wellensittich und Spatzen" von Gerhard Schöne auf der Schallplatte „Menschenskind" (MC, CD).
- Folgende Aussprüche können ergänzend mit den Sch. besprochen werden:
  Wenn ich Hilfe brauche, sollte ich darum bitten. Kluge Menschen brauchen keine Hilfe. Wer um Hilfe bittet, ist schwach. Wenn ich sehe, dass jemand Hilfe braucht, biete ich sie an. Gibt es auch falsche Hilfe?

Fächerverbindende Bezüge: D/HS/MU/Sport

S. 31 „Sebastians Tagebuch"

Auf dieser Arbeitsheftseite wird die Entstehung eines Konflikts geschildert. Es sollen durch die Erarbeitung Handlungsmöglichkeiten gefunden werden, die die Sch. sicherer im Umgang mit Konflikten machen können. Es werden hier außerdem Impulse gegeben für die Themen: die Stellung des Einzelnen in der Gemeinschaft, seine soziale Beziehungen sowie Umgang mit Erfolg und Misserfolg.

Einstieg 1:
Im Gespräch wird mit den Sch. geklärt, welche Funktion ein Tagebuch haben kann. Ihre eigenen Erfahrungen sollten hier unbedingt einfließen.

Einstieg 2:
Als vorbereitende, differenzierende Hausaufgabe wird folgender Dialog von zwei Sch. gelernt und im Rollenspiel vorgetragen.

Mit wem spielst du?

Bernd: Spielst du mit mir?
Axel: Nein.
Bernd: Warum nicht?
Axel: Das kannst du dir wohl selber denken.
Bernd: Woher soll ich das wissen?
Axel: Nun reichts mir aber. Heute Morgen in der Schule bist du nur mit Thomas gegangen. Und zu mir hast du gesagt: „Hau ab." Mit so einem will ich nichts zu tun haben.
Bernd: Und mit wem willst du jetzt spielen?
Axel: Mit dir bestimmt nicht.
Bernd: Schade, ist das dein letztes Wort?
Axel: Hau ab!

Aus: Hans Will-Beuermann/Joachim Hinrichs (Hg.), Bunte Texte. Was sagst du dazu?, Schroedel Verlag, Hannover 1981

Die Sch. hören aufmerksam zu und geben den Inhalt mit ihren Worten wieder. Damit ist die Hinführung zur Problematik der Tagebuchseite von Sebastian gut vorbereitet.

Erarbeitung:
- Die Sch. lesen die Eintragungen von Sebastian.
- Heraussuchen und Unterstreichen der verschiedenen Probleme.
  Auslachen durch Mitschüler, Angst vorm Sportunterricht, Angst vorm Bockspringen, Vertrauensmissbrauch von Tim
- Das Problem mit der höchsten Wertigkeit doppelt unterstreichen lassen.

Unterrichtsgespräch:
Folgende Fragen können im Gespräch erörtert werden:
- Welche Probleme hast du unterstrichen? (Die genannten Probleme an der Tafel fixieren.)
- Warum ist dieses Problem für dich besonders wichtig?
- Warst du schon mal in einer ähnlichen Situation?
- Hat jemand von dir ein Geheimnis verraten?
- Findest du immer jemanden, mit dem du reden kannst?

Die Aktivierung der Sch., Problemlösungen und Handlungsmöglichkeiten zu finden, erfolgt mit der Frage:
Welchen Rat gibst du Tim?

Einzelarbeit:
Schriftliche Fixierung des Textes im Tagebuch für den 15. Juni.

Abschluss:
Alle Arbeiten werden ausgestellt und die Sch. erhalten Gelegenheit, Lösungsmöglichkeiten miteinander zu vergleichen.

Fächerverbindende Bezüge: D/HS

S. 32 „Der Wolf hat sich verschluckt"

Fabeln eignen sich wie Märchen oder Sagen zur Vermittlung ethischer Wertvorstellungen. Sie sind leicht fasslich, erzählen in anschaulicher Weise und können von den Kindern in ihre gewohnte Welt übertragen werden.
Ausgehend von der Fabel „Der Wolf und der Kranich" nach Äsop soll das Thema „Freunde" um den Aspekt des Vertrauens erweitert werden. Auch spielt der Gedanke „Helfender und Hilfesuchender" eine unterschwellige Rolle.

Der Kranich und der Wolf

Einem Wolf war einmal beim Fressen ein Knochen im Halse stecken geblieben, und er litt große Pein. Er hustete und würgte, doch der Knochen, der spitz und scharf war, blieb in seinem Schlund. Der Wolf jammerte laut. „Wenn mir niemand hilft", heulte er, „werde ich sterben. Ich will auch den fürstlich belohnen, der mir den Knochen aus der Kehle holt." Doch niemand wollte ihm helfen. Die Tiere wussten, dass er ein übler Bursche war, und niemand glaubte ihm. Nur der Kranich, der grade vorbeikam, hatte Mitleid mit dem Wolf, dachte aber auch an die Belohnung. Er steckte seinen Schnabel in den Rachen des Wolfes, packte den Knochen und zog ihn mit einem heftigen Ruck heraus. „Nun seid Ihr von Euren Schmerzen erlöst", sagte der Kranich. „Und was ist mit der Belohnung?" „Eine Belohnung willst du haben?", höhnte der Wolf und zeigte seine gelben Zähne vor. „Du undankbarer Vogel! Hast du nicht eben deinen Kopf zwischen meinen Zähnen gehabt? Sei froh, dass er noch auf deinem Halse steckt. Kein anderes Tier hätte so edel gehandelt wie ich. Mach dich davon, bevor ich mich anders besinne." Der Kranich erhob sich erschrocken in die Luft und floh.

Aus: Äsop, Der Fuchs und die Weintrauben. Schöne alte Fabeln, übertragen von Alfred Könner, Altberliner Verlag, Berlin 1985

Einstieg:
Die Sch. schauen sich Illustration genau an, geben erste Gedanken wieder und versuchen, die Fabel zu erzählen. Durch die Fantasie der Sch. angeregt, werden verschiedene Möglichkeiten eines Endes besprochen. Es bietet sich an, die Fabel nicht vollständig vorzulesen, da sich dadurch die Kreativität der Kinder entfalten und der Aspekt des Vertrauens besser herausgearbeitet werden kann.

Unterrichtsgespräch:
Als philosophische Diskussion einzustufen ist es, wenn jetzt die Fragen gestellt werden:
- Ist der Kranich dumm, oder hat er Vertrauen?
- Worauf vertraut der Kranich?
- Was ist Vertrauen?
- Hättest du dich genauso verhalten?
- Kann einem Fremden vertraut werden?

Die Antworten werden mit Beispielen aus der Fabel belegt und können durch Erfahrungen der Sch. neue Gesichtspunkte erhalten.

Szenisches Gestalten:
Mit Begeisterung setzen die Sch. die verschiedenen Interpretationen der Fabel szenisch um. Erst jetzt wäre es angebracht, die Fabel vorzulesen.

Partnerarbeit:
Um zur Thematik Freundschaft und Vertrauen zurückzuführen, ist der Erfahrungsbereich der Sch. einzubeziehen. Im Partnergespräch werden diese Fragen erörtert:
- Ist Vertrauen in einer Freundschaft wichtig?
- Besteht ein Zusammenhang zwischen Ehrlichkeit und Vertrauen?

Interaktionsspiele:
- „Fall ins Vertrauen": Zwei Sch. stehen sich mit Abstand gegenüber, der dritte Mitspieler geht in deren Mitte und lässt sich vor oder rückwärts fallen – mit dem Bewusstsein, aufgefangen zu werden.
- Alle stellen sich hintereinander, legen die Hände auf die Schultern des Vordermannes und schließen die Augen. Einer führt diese „Kette" durch das Zimmer.

Weiterführung:
- Das Bild der Fabel kann farbig gestaltet werden.

Fächerverbindende Bezüge: D/HS/KU/Sport/Werken

S. 33 „Immer ich?"

Unsere Kinder werden im täglichen Leben häufig mit Kritik konfrontiert. Ihnen muss nahegebracht werden, dass der Begriff „Kritik" nicht nur Tadel und Beanstandung beinhaltet, sondern eine Wertung und Beurteilung des Tuns darstellt. Besonders zu beachten ist dabei die Entwicklung der Kritikfähigkeit als auch der Fähigkeit, Kritik anzunehmen und zu verarbeiten, Respekt und Toleranz für die Meinung anderer aufzubringen. Die Bereitschaft muss angesprochen werden, für das eigene Verhalten zunehmend mehr Verantwortung zu übernehmen.

Einstieg:
L. liest eine Film-, Buch- oder Theaterkritik aus der Zeitung vor und klärt anhand dieses Beispiels den Begriff „Kritik". Anschließend wird das Wort – Kritik – in die Mitte der Tafel geschrieben und die Sch. können ihre eigenen Gedanken zum Begriffsinhalt dazuschreiben. Hier wird sichtbar, wie vielfältig dieser Begriff von den Kindern reflektiert wird.

Unterrichtsgespräch:
Mit Hilfe der dargestellten Situation auf der Arbeitsheftseite werden die Sch. angeregt, über die Geschichte nachzudenken und eine ähnliche Kritiksituation aus ihrem eigenen Erleben zu erzählen.

Einzelarbeit:
Um ein Nachdenken im Sinne der Zielstellung anzuregen, erhalten die Sch. Gelegenheit, sich mit den Fragen auseinanderzusetzen, ihre Gefühle und Reaktionen zu analysieren. Die Leerzeile können die Sch. nutzen, um andere Beschreibungen für den persönlichen Umgang mit Kritik zu finden.

Unterrichtsgespräch:
Die Sch. stellen ihre angekreuzten Aussagen der Klasse vor und versuchen dabei Erläuterungen zu geben und Beispiele einfließen zu lassen.

Rollenspiel:
In einer Gruppe bearbeiten die Sch. eine Kritiksituation, die sie szenisch umsetzen. Wert sollte dabei auf unterschiedliche Konfliktlösungsmöglichkeiten und auf die verbale Auseinandersetzung gelegt werden.
Folgende Auswertungsmöglichkeiten bieten sich an:
- Wie fühlst du dich, wenn du anderen beim Auseinandersetzen zusiehst?
- Welche Kritikpunkte hast du verstanden?
- Welche Kritikpunkte lehnst du ab?
- Wie hat dir dieses Spiel gefallen? Begründe, welche Gruppe dir am besten gefallen hat.

Einzelarbeit:
Mit der schriftlichen Beantwortung der letzten Frage auf der Arbeitsheftseite setzen sich die Sch. mit gerechter und ungerechter Kritik auseinander.

Weiterführung:
- Kritikrunde im Stuhlkreis:
  Die Sch. erhalten die Gelegenheit, einen Sch. (der sich freiwillig zur Verfügung stellt) oder L. zu kritisieren. Grundlage für diese Gesprächsrunde ist die nochmalige Wiederholung und Zusammenfassung des Begriffes „Kritik".
- Das Gedicht „Leicht und schwer" (siehe letzter Spiegelstrich in der Weiterführung zur Arbeitsheftseite 35, „In Streit geraten") kann auch dazu genutzt werden, den Sch. die Wichtigkeit der Wahl ihrer Worte zu verdeutlichen und die „vernichtende" Kritik mit Ausdrücken zu besprechen. In jeder Klasse lassen sich dazu Beispiele finden.

Fächerverbindende Bezüge: D/HS

S. 34 „Ein Weg zum Miteinander"

Der Text dieser Seite ist zwar locker und witzig geschrieben, er birgt jedoch in sich Fragen zur Notwendigkeit von Rücksichtnahme und gegenseitigem Verständnis. Das Treffen von Absprachen oder Vereinbarungen, die dem Zusammmenleben in einer Gemeinschaft (z. B. Familie) dienen, können die Sch. hier an einem Beispiel üben.

Einstieg/Unterrichtsgepräch:
Ein Kind, das sich vorbereitet hat, liest den Text vor. Die anderen lesen still mit. Schnell erkennen die Sch., welches Problem Vater und Sohn miteinander haben.
- Was möchte der Sohn vom Vater?
- Was möchte der Vater vom Sohn?
- Wie können Vater und Sohn eine Lösung für ihr Problem finden?

Gruppenarbeit:

- Welche Vereinbarungen bzw. Absprachen könnten Vater und Sohn treffen, damit beide zufrieden sind?

In kleinen Gruppen besprechen die Sch. verschiedene Möglichkeiten für einen Weg zum Miteinander. Die Ergebnisse der Gruppenarbeiten werden auf Folie geschrieben und auf dem Projektor der Klasse vorgestellt oder in einem TB zusammengefasst und von den Sch. nach gemeinsamer Besprechung in das Arbeitsheft übernommen.

Weitere Möglichkeiten:

Die Urkunde aus dem Arbeitsheft kann als Vorlage dienen, weitere Vereinbarungen auszuarbeiten, die evtl. die eigene Familie betreffen oder das Miteinander in der Klasse etc.

Ein Rollenspiel bietet sich an, um das Problem zwischen Vater und Sohn deutlich zu machen (als Einstieg in das Thema). Auch das gemeinsame Suchen und Finden von Vereinbarungen lässt sich gut im Rollenspiel darstellen.

S. 35 „In Streit geraten"

Absicht und Gestaltung des Blattes richten das Augenmerk auf den Wendepunkt zwischen dem In-Streit-Geraten und dem Sich-Vertragen. Auseinandersetzungen von Kindern untereinander und auch von Kindern und Erwachsenen sind alltäglich. Gerade deshalb ist es wichtig, Wege aus dem Streit heraus zu üben und einen belastenden Zustand so weit wie möglich bereinigen zu lernen.

Erarbeitung 1:

Sch. direkt mit der Aufgabe auf dem Blatt konfrontieren. Sie ist einfach zu verstehen und mithilfe der Wörter auf der Ausschneideseite für von jedem Sch. selbstständig lösbar.

Erarbeitung 2:

Man kann gut von einer konkreten Streitsituation ausgehen und die Sch. mithilfe der Ausschneideteile (S. 61) die Stationen auf der Kurve selbstständig anordnen lassen. Die Streitsituation kann aus dem Erlebnisumfeld der Klasse stammen oder durch eine passende Geschichte eingebracht werden. Ein Text, der den Intentionen des Blattes besonders entgegenkommt, ist „Das Balg" von Ursula Wölfel (Die grauen und die grünen Felder, Anrich Verlag, Mühlheim 1970). Als Einstieg oder Abschluss bietet sich auch der Text „Warum sich Raben streiten" von Frantz Wittkamp an (abgedruckt in Lehrerkommentar 1/2, S. 12).

Im Anschluss an diesen Erarbeitungsgang sollte noch auf die Erfahrungen der Kinder in der Lerngruppe eingegangen werden.

Weiterführung:

- Bedeutsam ist auch der Zeitraum nach dem Streit vor einer möglichen Versöhnung.
- Mit dem folgendem Gedicht „Leicht und schwer" kann den Sch. verdeutlicht werden, dass es leicht ist, im Streit jemanden zu beschimpfen, aber recht schwer, nach dem Streit oder in alltäglichen Situationen jemandem etwas Nettes zu sagen.

<u>**Leicht**</u>

Es ist leicht,
andere zu beschimpfen:
Du Quatschkopf!
Du Rindvieh!
Du Sauertopf!
Du Depp!
Du Miesepeter!
Du Idiot!
Du Nasenbär!
Du Schwein!
Da findet man
ohne langes Überlegen
schnell die passenden Worte.

<u>**und schwer**</u>

Es ist schwer,
anderen etwas Nettes zu sagen:
Du ________________
Du ________________
Du ________________
Du ________________
Du ________________
Du ________________
Du ________________
Du ________________
Da findet man
trotz langem Überlegen
schwer die passenden Worte.

© Manfred Mai

Nach der inhaltlichen Betrachtung des Gedichtes schreiben die Sch. für ein oder mehrere Kinder etwas Nettes auf und füllen die Zeilen mit dem „Du". Talentierte Sch. können sich im Reimen versuchen.

Im Anschluss werden die „Nettigkeiten" vorgestellt.

Fächerverbindende Bezüge: D/HS/KU/MU

S. 36 „Lisa"

Die Themen Freundschaft und Einander-Helfen verzahnen sich hier.

Lisa ist krank und muss für längere Zeit zu Hause bleiben. Die Illustration macht deutlich, wie unterschiedlich die Reaktionen der Mitsch. sein können. Sie gibt genügend Zündstoff für gute Unterrichtsgespräche.

Einstieg:

Die Sch. lesen die Aussagen der Sch. der Klasse 4a.

Partnerarbeit:

In einem Gespräch mit dem Banknachbarn reflektieren sie die Aussagen der Klasse 4a und kreisen die ihrer Meinung nach angemessenen Aussagen ein. Sie schreiben ihre eigenen Überlegungen in die Gedankenblasen.

Unterrichtsgespräch:
In der Auswertung der Partnerarbeit äußern die Sch. ihre Ansichten und Meinungen zum dargestellten Problem. Sicher sind sie sich nicht bei allen Aussagen einig und können sich hier gut in Gesprächsführung und Argumentation üben.

Rollenspiel:
- Vorbereitung in Partnerarbeit; – Was muss man dabei beachten?

Sch. spielen ein Telefonat vor, das ein Kind aus der Klasse mit einem kranken Sch. führt. Oder Sch. spielen einen Krankenbesuch vor.
- Eine kurze Auswertung der dargestellten Szenen sollte sich anschließen.

S. 37 „Manchmal wär ich gern der Papa"

Sch. schlüpfen gern einmal in eine andere Rolle. Die Veränderungen und verschiedenen Stationen des Lebens sind für sie nicht nur im Alltagsleben fassbar, sondern werden auch in ihren Träumen und Spielen sichtbar. Die Seite ermöglicht den Sch., über die Wandlungen im Leben nachzudenken und dabei Unterschiede und Besonderheiten der verschiedenen Lebensabschnitte zu erfassen. Sie können in diesem Zusammenhang auch über Familienstrukturen und -beziehungen sowie über das Thema „Geborgenheit" miteinander sprechen.

Einstieg:
Ein Kind trägt den ersten Teil des Gedichtes bis „… möcht ein Lausbub wieder sein" vor der Klasse vor. An der Tafel steht die Überschrift der Seite: „Manchmal wär ich gern der Papa".

Unterrichtsgespräch:
- Was will uns der Schriftsteller Helmut Zöpfl mit diesen Zeilen sagen?

Im Gespräch finden die Sch. schnell heraus, dass jeder schon einmal „ein anderer" sein wollte und dass jedes Lebensalter seine Vor- und Nachteile hat.

Gedankenexperiment:
Aufgabe im Arbeitsheft:
- Stell dir vor, du wärst nicht so alt wie du wirklich bist. Was würdest du tun? Ergänze dazu die Satzanfänge.

Einzelne Sch. tragen den anderen ihr Gedankenexperiment vor. Eine mögliche Hausaufgabe: dieses Gedankenexperiment mit den Eltern, Großeltern oder einem anderen Erwachsenen durchführen.

Unterrichtsgespräch:
L. oder ein Kind tragen den zweiten Teil des Gedichtes vor. Im Gespräch erkennen die Sch., dass unser Leben als ein Geschenk betrachtet werden kann und dass jeder Abschnitt darin besonders schöne Seiten hat.

Gruppenarbeit:
In kleinen Gruppen sammeln die Sch. Vor- und Nachteile z. B. von der Zeit der Kindheit, der Jugend oder des Alters. Diese können sie dann mit Bildern als Collage gestalten, im Auswertungsgespräch der Klasse vorstellen und im Raum aufhängen.

Pantomime:
- Darstellen von typischen Tätigkeiten der einzelnen Lebensabschnitte und von Gemeinsamkeiten.

Abschließendes Vorlesen des Gedichtes durch Sch.

Weiterführung:
Im Zusammenhang mit dem letzten Teil des Gedichtes können auch die „schönen" gemeinsamen Seiten angesprochen werden und eine Überleitung zum Thema „Geborgenheit in der Familie" geschaffen werden.
Dazu:
- Vorlesegeschichte „MA-RU 1314" aus „Fünfzig Vorlesegeschichten", Auer Verlag
- Lied „Meine Mami" aus MC „Ich schaff das schon" von Rolf Zuckowski
- Assoziation:
  Freundlich
  Aber auch streiten dürfen
  Miteinander viel unternehmen
  I
  L
  I
  E

Fächerverbindende Bezüge: D/HS/KU

S. 38 „Ein Freund ist jemand, …"

Wie soll ein guter Freund sein? Auf dieser Seite finden die Sch. Eigenschaften und Merkmale, die sie sicher zu guten Gesprächen in der Gruppe anregen werden.

Einstieg:
Alle Sch. lesen leise das Gedicht „Ein Freund". Ein Sch. trägt das Gedicht anschließend vor.

Unterrichtsgespräch:
Im Gespräch finden die Sch. heraus, wie der Schriftsteller einen Freund sieht, ob sie das als Kinder genauso empfinden und was sie evtl. noch hinzufügen würden. Dabei kann an der Tafel auch eine Sammlung dieser Freundschaftsmerkmale und -eigenschaften entstehen.

Weiterführung/Vertiefung:
Im Anschluss können die Sch. in Partner- oder Gruppenarbeit die Aufgabenstellung der Seite lösen. Bei der Auswertung können einzelne Gruppen ihren Standpunkt weiter begründen.

Abschluss:
Die Sch. können eine Wertung der gesammelten Merkmale und Eigenschaften eines Freundes/einer Freundin vornehmen, indem sie als Hefteintrag unter der Überschrift des Gedichtes „Ein Freund ist jemand, …" die Wortgruppen (ca. 5 bis 8) notieren, die für sie am wichtigsten sind. So erhält jedes Kind sein eigenes Tafelbild.

Zusatzmaterialien:
Lieder: „Ich mag dich so" von Rolf Krenzer/Walter Vahrenkamp; aus: Regenbogen bunt und schön, Kaufmann/Kösel, Lahr. „Weil du mich magst" von Jutta Richter/Ludger Edelkötter; aus: Religiöse Kinderlieder, Impulse Verlag, Drensteinfurt. „Benjamin, ich liebe dich" von Rolf Krenzer/Ludger Edelkötter; aus: MC Spiellieder.

Fächerverbindende Bezüge: D/HS/KU/MU

S. 39 „Es ist wichtig, Freunde zu haben"

Um den Sch. die Bedeutung und Wichtigkeit von Freundschaft nahe zu bringen, wurden hier drei bekannte Märchen ausgewählt. Sehr schnell werden die Sch. die Situationen erkennen und deuten, in denen es sich um Freundschaft handelt. Leicht lässt sich hier auch der Bezug zum vorangegangenen Arbeitsblatt herstellen.

Vorbereitung:
Im Deutschunterricht bietet sich das Lesen und Besprechen vielleicht von zwei der drei Märchen an. Das eher weniger bekannte Märchen „Die Bienenkönigin" kann L. als Einstieg verwenden.

Einstieg:
Die Sch. sitzen im Stuhlkreis, in dessen Mitte auf einem farbigen Tuch verschiedene Dinge liegen, die einen Bezug zum ausgewählten Märchen haben: z. B. für „Die Bienenkönigin" eine Bienenwabe, eine Platte aus Bienenwachs, eine Kerze aus Bienenwachs, Bilder mit Szenen aus dem Märchen u. a. L. liest vor oder erzählt Abschnitte aus dem Märchen, die die freundschaftlichen Beziehungen des jüngsten Königssohnes, der Dummling genannt wird, mit den Tieren verdeutlichen.

Unterrichtsgespräch:
Im Gespräch werden die Merkmale von Freundschaft erarbeitet.
- Woran erkennst du die Freundschaft in dem Märchen „Die Bienenkönigin"?
- Kennst du noch weitere Märchen, in denen die Freundschaft eine wichtige Rolle spielt? Wie kommt sie dort zum Ausdruck?

Hier bietet sich der Einsatz des Arbeitsblattes an.
Im weiteren Gespräch lässt sich der Transfer vom Märchen zum „wirklichen Leben" herstellen.
- Haben mein Freund/meine Freundin und ich auch diese Eigenschaften?

Partner- oder Gruppenarbeit:
In kleinen Gruppen arbeiten die Sch. im Arbeitsheft, vervollständigen den Lückentext und gestalten ihr eigenes Freundschaftsbild in dem Rahmen.

Auswertung:
Die Gruppen stellen der Klasse ihren vollständigen Lückentext und ihre Freundschaftsbilder vor.

Weiterführungen:
Freundschaftsspiele: Sie sind bei den Sch. sehr beliebt, sie lockern den Unterricht auf, lassen sich in jeder Unterrichtsphase einsetzen und hinterlassen nachhaltige Eindrücke bei den Sch.
Du bist mein Spiegelbild
Stellt euch paarweise gegenüber. Einer bewegt sich, als würde er vor einem Spiegel stehen. Der andere ist sein Spiegelbild. Er muss die Bewegungen möglichst genau mitmachen. Nach ein paar Minuten wird gewechselt.
Gruppenbild
Setzt euch zu viert an einen Tisch. Hier liegen in 4 Felder gefaltetes Packpapier und für jeden ein dicker Filzstift bereit. Alle beginnen in ihrem Feld zu malen. Nach 3 Min wird das Papier in Uhrzeigerrichtung zum Nachbarn gedreht. Dieser Wechsel muss noch 3 × erfolgen. Jeder hat nach 12 Min an jedem der 4 Felder gemalt. Es ist ein großes Bild aus 4 kleinen Bildern entstanden. Besprecht euch kurz. Findet einen gemeinsamen Bildtitel.
Hat es Spaß gemacht? Gab es Probleme?
Wie konntet ihr miteinander arbeiten, ohne zu sprechen?
Gefällt euch euer gemeinsames Werk?

Fächerverbindende Bezüge: D/HS/KU

S. 40 „Freundschaften können zerbrechen"

Anliegen dieser Seite ist es, die Sch. zum Nachdenken darüber anzuregen, wie es zum Zerbrechen von Freundschaften kommen kann.

Einstieg:
Ein Sch. liest das Gedicht von M. Kreft vor. Die anderen lesen mit.

Unterrichtsgespräch:
Schnell erkennen die Sch. die Zweiteilung des Gedichtes und können von ihren eigenen Erfahrungen erzählen.
- Wie ist es bei dir, wenn du dich anfreundest?
- Wie ist es bei dir, wenn du dich „abfreundest"?
- Wie fühlst du dich dabei?

Rollenspiel:
Szenen des „An- und Abfreundens" pantomimisch darstellen.

Partnerarbeit:
Es gibt verschiedene Gründe, warum Freundschaften zerbrechen können. Einige davon finden die Sch. in den gezeichneten Scherben. L. gibt den Auftrag, gemeinsam mit dem Partner über diese Gründe zu sprechen. Die Sch. sollen im Gespräch herausfinden, ob dies auch für sie Gründe wären, eine Freundschaft gezielt zu beenden. Was ihnen falsch erscheint, können sie streichen. Für einen weiteren Grund, sich abzufreunden, finden die Sch. Platz in der größten Scherbe.

Unterrichtsgespräch:
Einzelne Sch. teilen der Klasse die Ergebnisse ihrer Partnerarbeit mit. L. lenkt das Gespräch dabei so, dass die Sch. auch Möglichkeiten des Verzeihens und Wiedergutmachens in Betracht ziehen.

Weiterführung:
Auch hier eignet sich der Einsatz von Spielen oder die Anfertigung von Freundschaftssymbolen als methodisch geschickte Variante für einen abwechslungsreichen, lebensnahen Unterricht. Z. B. die Anfertigung von Freundschaftsherzen und Freundschaftsbändchen.

HIER und ANDERSWO

Klasse 3/4

In unserer Gesellschaft laufen ethische und religiöse Vorstellungen teils nebeneinander her, teils widerstreiten sie einander und manchmal werden sie einander ergänzend gesehen. Auch heute noch sind in unserer multikulturellen und -religiösen Gesellschaft besonders Judentum, Christentum und Islam gegenwärtig und wirksam. Unsere Kultur, auch wo sie sich säkular versteht, ist durchtränkt von deren Geschichten und Symbolen. Unser rhythmischer Jahreskreis wird von Festen und Bräuchen geprägt, die meist religiösen Ursprungs sind. Schon allein auf dem Hintergrund dieser kulturgeschichtlichen Prägungen ist es unumgänglich, diese Religionen im Unterricht ausführlich zu behandeln: mit ihren Heiligen Schriften, Gotteshäusern, Festen, Bräuchen wie Fasten und Beten, mit ihren Kalendern, Ess-, Kleidungs- und Lebensgewohnheiten, mit ihren ethischen Vorstellungen wie z. B. den Zehn Geboten und schließlich mit ihren Lehren wie z. B. den Vorstellungen von Gott und vom Ursprung der Welt, vom Sinn und Ziel menschlichen Lebens und Zusammenlebens.

S. 41 „Ein Lichtlein"

Das Wort „Advent" stammt aus dem Lateinischen und heißt übersetzt „Ankunft". Die Adventszeit ist eine Zeit der Erwartung und der Vorbereitung auf die Ankunft Christi, auf die Geburt Christi; mit dem 1. Advent beginnt das neue Kirchenjahr.
In der vierwöchigen Adventszeit bereiten sich viele Christen durch Fasten und Verzicht auf die Geburt Christi vor.
Diese Seite bringt den Schülern durch eine kleine Textmeditation die Adventssymbolik „Kerze" näher. Sch. können die Bedeutung der Kerze als Lichtquelle und Hoffnungsträger erkennen.

Einstieg:
Stuhlkreis bilden, Kerze in die Mitte stellen und anzünden, im Hintergrund leise weihnachtliche Musik erklingen lassen (Raum sollte vorher etwas verdunkelt werden). L. trägt dazu kleines Gedicht von der Arbeitsheftseite vor. Je nach Klassensituation kurze Zeit in dieser meditativen Stimmung verweilen.
Kinder äußern lassen, wie sie sich in dieser Situation gefühlt haben, was sie gedacht haben.

Lichterkreis bilden:
Einzeln dürfen die Sch. mit ihren Teelichtern, die im Vorfeld auf den Plätzen verteilt wurden, zur Kerze in der Mitte gehen und ihr Licht daran entzünden und es neben die Kerze stellen.

Erkenntnis:
Jeder hat dazu beigetragen, dass es heller im Raum geworden ist. Die eine Kerze hat alle anderen Kerzen zum Leuchten gebracht.

Transfer:
Kannst du auch ein Licht für andere sein? Was musst du tun, damit du jemanden eine Freude bereiten kannst? Erzähle.

Weiterführung:
Sch. gestalten das „Elfchen" zum Thema „Licht". „Elfchen" haben stets 11 Wortelemente, die i. A. über 3–5 Zeilen variabel verteilt werden. L. kann u. U. Erarbeitung stützen durch Hinweise auf mögliche Gliederung, z. B.: 1. Zeile: Sache/Gegenstand/Person; 2. Zeile: Thema: Eigenschaft; 3. Zeile: Thema: Tätigkeit usw.

Fächerverbindende Bezüge: D/HS/KU/MU

S. 42 „Weihnachten"

Im christlichen Kirchenjahr ist Ostern eigentlich der wichtigste Festtag. An ihm feiern die Christen ihren Glauben, dass Jesu Sache nicht mit seiner Ermordung gescheitert ist, sondern weiterhin Gültigkeit hat. Dabei meint Jesu Sache die Ermutigung der Hoffnungslosen, die Aufrichtung der Erniedrigten. Diese „Frohe Botschaft" (im Griechischen „Evangelium") wird im Neuen Testament durch die Erzählungen über Jesus ausgeschmückt, die sich nicht als historische verstehen. Solche Geschichten gruppieren sich auch um die Geburt Jesu, z. B. der Skandal um die schwangere Maria; die auf der untersten sozialen Stufe stehenden und verachteten Hirten als die Ersten, die Jesus als ihren Retter anbeten; die Dramatik der Herbergssuche und die Geburt in einem Schuppen; die Flucht vor staatlicher Verfolgung usw. Damit zeigt sich der Kern der Osterbotschaft auch im Weihnachtsfest, das erst in der christlich abendländischen Volksfrömmigkeit Ostern den Rang abgelaufen hat.

Das B.-Brecht-Zitat „Das Grosse bleibt groß nicht und klein nicht das Kleine" aus dem „Lied von der Moldau" reformuliert die Botschaft auf säkularer Ebene. Evtl. kann man auch das Würfelspiel zu Weihnachten aus „Machs gut" 1/2, S. 39 wieder aufgreifen.

Einstieg:
Von der Vorfreude der Kinder, vom Weihnachtsschmuck im öffentlichen Raum ausgehend, können zunächst die Vorerfahrungen der Sch. über Weihnachten zusammengetragen werden. Es könnte auch mit einem Volksweihnachtslied begonnen werden, z. B. „Kommet ihr Hirten" oder „Ihr Kinderlein kommet" oder mit „Das Lied von der Moldau". L.erzählung: Vorgeschichte und Geschichte von Jesu Geburt (vgl. Die Bibel, Neues Testament, Lukasevangelium, Kapitel 1 f) mit besonderer Betonung der Umstände der Schwangerschaft Marias, der Situation der römischen Besatzung, der Herbergssuche und Jesu Geburt, der sozialen Situation der Hirten.

Erarbeitung:
- Sch. assoziieren zu dem Satz „Das Große bleibt groß nicht und klein nicht das Kleine" und füllen anschließend in Partnerarbeit das Kreuzworträtsel aus. Lösungswörter: SCHAF – MARIA – HERODES – STALL – ESEL – NACHT: Lösungswort: HIRTEN.
- Kontrolle: Bei jedem Lösungswort wird nochmals gemeinsam geprüft, worin denn die Umkehrung von oben und unten bestehen könnte.
- Abschluss: Impuls, warum Weihnachten gerade auch darum ein Fest der Kinder ist. Wiederholung eines der o. g. Lieder.

Weiterführung:
Sch. berichten von ihren Erfahrungen mit Weihnachtsbräuchen in anderen Ländern: In spanischsprachigen Ländern z. B. werden die Kinder erst zum Fest der Drei Könige (6. Januar) beschenkt; in orthodoxen christlichen Kirchen beginnen die Weihnachtsfeierlichkeiten ebenfalls erst mit dem 6. Januar.

Fächerverbindende Bezüge: KU/HS/MU/D

S. 43 „Osterspaziergang"

Ostern ist das älteste und höchste christliche Fest. Es wird am 1. Sonntag nach dem Frühlingsvollmond gefeiert und gilt der sog. Auferstehung Jesu Christi. Dieser Termin enthält bereits eine Deutung des Festgedankens. Die Sonne beginnt nun endgültig den Sieg über die Nacht zu erringen. Das Licht besiegt die Dunkelheit. Das Leben besiegt den Tod.

Einstieg:
Die Mitte eines Stuhlkreises wird gestaltet mit Osterstrauß (ungeschmückt), Ostereier, Küken, leeres Osterkörbchen, Osterhasen, Ostergras, Schokolade usw.; eventuell kann auch Weihnachtssymbolik herangezogen werden. Sch. äußern sich spontan, was ihnen bei der Betrachtung der Kreismitte auffällt; sicherlich werden sie sehr schnell erkennen, dass einige Dinge (Weihnachtssymbolik) nicht dazu gehören – diese werden von den Sch. aus der Mitte genommen und dem Weihnachtsfest zugeordnet.

Gespräch:
- Welches Fest erkennt ihr jetzt? Was vermutet ihr, warum es im Frühjahr gefeiert wird? Evtl. vorher schon das Gedicht von Goethe lesen.
- L. informiert über Ursprung und christlichen Hintergrund des Osterfestes (Bezüge zu den Arbeitshefts. 44 und 45 im Arbeitsheft 1/2).

Erkenntnis:
- Die Freude der Menschen über die erwachende Natur (Schmelzen des Eises, Frühblüher, aufgehende Knospen an den Bäumen), die Entstehung neuen Lebens (Zugvögel kehren zurück, Nestbau der Vögel, Legen und Ausbrüten der Eier, Geburt vieler Jungtiere z. B. Lämmer), Tage werden länger, zunehmende Kraft der Sonne.

Erarbeitung:
Was fällt euch an unserer Kreismitte auf? Schüler erkennen, dass der Strauß noch nicht geschmückt ist und das Osterkörbchen leer ist.
Gemeinsam schmücken die Kinder den Osterstrauß und füllen das Osterkörbchen. Dies kann der Anfang für die Gestaltung eines Ostertisches sein.
Das Gedicht von Goethe kann auf dem Hintergrund der gewonnenen Erkenntnisse erschließend gelesen und im Verbund mit der Aufgabe auf der Seite auf die sinnlichen Erfahrungen der Sch. bezogen werden.

Hausaufgabe:
Bastelt etwas für unseren Ostertisch oder bringe etwas zum Ausgestalten mit!

Weiterführung:
Medieneinsatz – Video
Viele Medienstellen bieten die informativen Filme „Osterbrauchtum" und „Ostern" an.

Fächerverbindende Bezüge: D/HS/KU/Werken

S. 44 „Die Kirche – auch ein Ort der Gemeinschaft"

Anders als die katholischen Kirchen verstehen die Protestanten ihre Kirchen nicht als heilige Räume, vielmehr als Versammlungsräume, in denen sich Gemeinschaft ereignet und Gemeinde entsteht. Die in einem Kirchenraum aufgestellten Gegenstände kann man alle als Mittel und Symbole zur Herstellung bzw. Bestätigung von Gemeinschaft betrachten.
Das Würfelspiel will in die einem fremden Besucher ins Auge springenden Besonderheiten christlicher Versammlungsräume einführen und dient einer ersten Orientierung für Sch., denen die christliche Tradition nicht geläufig ist.

Einstieg:
Jedes Bild der Arbeitsseite vergrößern, der Spielanleitung entsprechende Wortkarten, beides als stummer Impuls an die Tafel geheftet.

Erarbeitung:
Sch. ordnen Bild und Wortkarte an der Tafel zu – zu jedem Wort-Bild-Paar erzählen die Sch. von ihrem Vorwissen, ihren Erfahrungen oder stellen naiv Vermutungen an. L. vertieft oder korrigiert.

Übung:
In Partner- oder Gruppenarbeit wird das Würfelspiel gespielt. L. achtet dabei darauf, dass Sch. die Erklärungen zum jeweiligen Gegenstand den Mitspielern vorlesen.

Differenzierung:
- Kassetten mit Orgel- oder Chormusik oder mit Glockengeläut.
- Sch. (oder deren Eltern) erzählen von eigenen Erfahrungen in Kirchen, z. B. von einer Hochzeit.
- Sch. malen/basteln mit Transparentpapier ein buntes Kirchenfenster.
- Bildbetrachtung eines historischen Altars (Dias/Kunstpostkarten/Plakate).

Fächerverbindende Bezüge: MU/KU/HS

S. 45 „Die Kirche – auch ein Ort der Besinnung"

Nach christlicher Vorstellung ist die Kirche kein Haus Gottes im strengen Sinne von Wohnung Gottes. Vielmehr ist die Kirche ein Haus, in dem sich Menschen treffen, um von und mit Gott zu reden. Kirche als Menschenhaus wird auf den beiden Arbeitsheftseiten 33 und 34 einmal als Ort der Selbstfindung, das andere Mal als Ort der Gemeinschaft vorgestellt.
Im Gegensatz zu Irrgärten zeichnen Labyrinthe einen eindeutigen, meist symmetrischen Weg ins Zentrum vor; wobei der Weg immer zwischen äußerster Nähe zum und äußerster Ferne vom Zentrum pendelt. So verliert man sich also nicht im Labyrinth, sondern findet sich, begegnet sich selbst. Christlich gesprochen besagt Selbstbegegnung die Begegnung mit Christus – symbolisiert im Kreuz des Zentrums; Christus schenkt dem Menschen Identität.

Einstieg:
Musik oder Stille-Übung (z. B. auf den eigenen Atem hören, das Pochen des eigenen Herzens fühlen). L. erklärt mit wenigen Worten die Aufgabe, den Weg durch die Labyrinthgänge bis in die Mitte so nachzuzeichnen, dass keine Mauer übersprungen und kein Weg doppelt gegangen werden darf.

Einzelarbeit:
Jedes Kind fährt den Weg ins Labyrinth oder aus dem Labyrinth hinaus nach. Der Weg nach außen ist leichter und kann als Hilfestellung vom L. angeboten werden. Fürs spätere Unterrichtsgespräch achtet L. auf die Lösungswege der Sch., greift aber nur ein, wenn die Sch. Mauern zu überspringen versuchen..

Unterrichtsgespräch:
- Erfahrungen mit konzentrierter Arbeit.
- Erfahrungen mit der Länge des Weges/der Zeit.
- Unterschiedliche Erfahrungen beim Laufen von außen/von innen.
- Hinweis und evtl. Erklärung zum Text der Arbeitsseite.

Weiterführung:
Um das Labyrinth als eine mögliche Beschreibung des Lebensprozesses (nicht nur im christlichen Sinn) zu verdeutlichen, kann sich die Bearbeitung eines Entwicklungsmärchens anschließen, in dem Identität auch als Ergebnis einer wechsel- und gefahrvollen Biographie gesehen wird (z. B. das russische Märchen „Die Wunderblume" oder „Finist, der helle Falke", in: Russische Märchen, Hamburg/Gütersloh o.J., S.73 ff).

Differenzierung:
Die Sch. haben großen Spaß daran, weitere Labyrinthe selbst zu konstruieren: In ein zentrales Kreuz fügt man 4/8/12 usw. rechte Winkelecken ein und in die äußersten Winkel nochmals jeweils konaxiale (gleichachsige) Punkte, die in der angegebenen seitenwechselnden Pfeilrichtung miteinander verbunden werden. Je mehr Winkel, umso umfangreicher das gesamte Labyrinth. Ein solches Labyrinth kann man mit Kreide u. Ä. auch groß als begehbares Labyrinth auf den Schulhof malen (auf einem Rasen ausmähen, im Schulgarten aussäen) und mit einzelnen Sch. oder der ganzen Gruppe wie in einer Prozession abschreiten lassen.

Fächerverbindende Bezüge: KU/MU/Sport

S. 46 „Die Buchstaben des Alten und des Neuen Testaments"

Das Alte Testament (AT) enthält die heiligen Schriften des Judentums und zusammen mit dem Neuen Testament (NT) die als Bibel bezeichneten Bücher des

Christentums. Selbst zum Koran bestehen weit reichende Verwandtschaften. Nicht nur gibt es im NT vielfältige Rückverweise auf das AT, die zentrale Botschaft der Freundschaft Gottes mit den Menschen hält sich durch über einen Zeitraum von etwa tausend Jahren, in denen die biblischen Schriften entstanden sind. Erzählt das AT im Wesentlichen vom Bund Gottes mit dem Volk Israel, so das NT von einem neuen Bund Gottes mit allen Menschen, die in Jesu Handeln und Reden Gottes Willen und Liebe zu erkennen glauben.
Altes und Neues Testament bilden historisch zwei unterschiedliche Komplexe: Die Schriften/Bücher des AT sind in einem komplizierten Überlieferungsprozess von etwa 1500–300 v.Chr. entstanden, die des NT in den ersten beiden nachchristlichen Jahrhunderten nach dem Tode Jesu als Glaubenszeugnisse der frühchristlichen Gemeinden. Das AT ist in Hebräisch, das NT in Altgriechisch niedergeschrieben und überliefert worden.
Die Verschiedenheit der Testamente und gleichzeitige Bezogenheit aufeinander wird durch einen wichtigen verknüpfenden Satz auf dem Arbeitsblatt nachvollzogen: „Die Bücher der Bibel erzählen immer wieder neu DIE GESCHICHTE VON GOTTES FREUNDSCHAFT mit den Menschen zu allen Zeiten."

Einstieg:
Evtl. Wiederholung des Kindermutmachliedes (S. 36). Sch. betrachten die Arbeitsseite, sie werden nach einiger Zeit drei verschiedene Schrifttypen erkennen und den unvollständigen Satz zu ergänzen versuchen.

Unterrichtsgespräch:
Beim gemeinsamen Vergleich der Schriftzeichen fällt die Verwandtschaft des Lateinischen mit dem Griechischen ins Auge, während die Fremdheit der Zeichen und die Lese- bzw. Schreibrichtung des Hebräischen von rechts nach links für alle Sch. geklärt werden muss.

Erarbeitung:
Evtl. in Partnerarbeit tragen die Sch. mithilfe einer etwas vereinfachten Alphabet-Tabelle unter die hebräischen die lateinischen Buchstaben und unter die lateinischen die griechischen Buchstaben ein und erlesen dann als Kontrolle den Satz.

Vertiefung:
Erinnerung an die Geschichte von Noah oder die von Weihnachten sind hier möglich. Weitere Geschichten wie die von Abraham, der für Judentum, Christentum und Islam bedeutsam ist, oder die Geschichte von Petrus, einem der zwölf Jünger Jesu, der ihn während des Prozesses verleugnete und trotzdem als Gründer der Kirche gilt, können hier angeschlossen werden.

Differenzierung oder Hausaufgabe:
Spontan versuchen Sch. meist, ihnen wichtige Namen in der einen oder anderen fremden Schrift zu notieren. Auch könnten Rätselwörter (Bibel, Freunde, Freude, Hoffnung, Israel, Jesus usw.) vorgegeben oder von den Sch. selbst erfunden und anderen zur Rückübersetzung vorgelegt werden.

Fächerverbindende Bezüge: D/HS/KU

S. 47 „Die Zehn Gebote"

Wies bereits die Arbeitsheftseite 38 auf die Verwandtschaft des Christentums mit dem Judentum hin, so wird dies vollends deutlich, indem die Zehn Gebote nun zunächst nicht als ein christliches, sondern als ein ursprünglich jüdisches Glaubensdokument vorgestellt werden. Dies wird auch deutlich an den jüdischen Symbolen des Davidssterns und des siebenarmigen Leuchters, mit denen die Gesetzestafeln geschmückt sind.
Nach jüdischer Tradition hat Mose als Religionsstifter diese Gebote während des Auszugs aus der ägyptischen Sklaverei am Berg Sinai in der gleichnamigen arabischen Wüste von Gott empfangen, um Israel eine eigene Identität gegenüber den anderen Völkern zu geben (vgl. 1. Gebot). Inhaltlich geht es um die Ordnung einer Gemeinschaft, die durch ihren Bezug auf eine Gottheit Gültigkeit erhält – weniger metaphysisch als mehr durch geschichtliche Erfahrungen, die als Heilshandeln dieses Gottes an seinem Volk interpretiert werden. Entgegen einer weit verbreiteten moralisierenden Interpretation der Zehn Gebote, die dann oft auch noch fälschlicherweise zum Zentrum des christlichen Glaubens erklärt wird, wird auf der Arbeitsseite die gemeinschaftsschützende Funktion der Gebote in den Vordergrund gestellt. In der rechten Tafel wird eine konkretisierende Umschreibung der einfach formulierten Gebote auf der linken Tafel angeboten.

Einstieg:
- Rückgriff auf die Unterrichtsstunden, in denen die Notwendigkeit von Regeln und Rechten erarbeitet wurden (v. a. Kapitel MIT-einander): Regeln dienen dem besseren Zusammenleben von Menschen.
- Erzählung: Mose führt Israel aus der ägyptischen Sklaverei – 40-jährige Wanderung durch die arabische Halbinsel – dabei immer wieder Streit untereinander – Versorgungsprobleme – durch Heirat mit anderen Völkern der Halbinsel Gefahr, dass das Volk Israel sich zerstreut – Mose erlässt als Israels Anführer die Zehn Gebote: Wer zu Israel gehören will, wird sich daran halten (vgl. Die Bibel, 2. Buch Mose, Kapitel 2–20).
  Vorstellung: Je ein Kind liest ein Gebot der linken Tafel vor.

Erarbeitung:
- In Partnerarbeit werden, zunächst mit Bleistift, die Erklärungen der rechten Tafel durch Nummerierung den Geboten auf der Linken vorschlagsweise zugeordnet (mögliche Lösung, von oben nach unten: 3.–5.–1.–9.–7.–2.–6.–8.–10.–4.). Andere Lösungen sind zugelassen und schärfen die Begründungen.

– Vertiefung: Jedes Kind wählt sich ein Gebot aus, zu dem es eine Geschichte erzählen kann.

Weiterführung/Hausaufgabe:
Jedes Kind sucht sich die drei für sich persönlich wichtigsten Gebote heraus, schreibt sie auf eine Gesetzestafel in sein Heft und verziert sie.

Fächerverbindende Bezüge: D/KU

S. 48 „Das jüdische Chanukka-Fest"

Ziel dieser Arbeitsseite ist es, den Sch. anhand eines altersgemäßen Spiels den Alltag jüdischer Tradition näher zu bringen. Die Buchstaben auf dem Kreisel, dem Dreidel, können als Initialen für den Satz gelesen werden: „Ein großes Wunder ist geschehen" – nämlich die Zurückgewinnung des Jerusalemer Tempels aus der Hand der griechischen Besatzer 165 v.Chr. In der hier vorliegenden jiddischen Tradition werden die Anlaute der Buchstabennamen Nun, Gimel, He und Schin als Eselsbrücken für eine Variante möglicher Spielregeln genommen. Die Juden feiern das Fest in der Zeit November/Dezember. Wenn möglich, sollte diese Arbeitsseite auch in dieser Zeit behandelt werden. Man kann sich zugleich auf das Gedenken zum 9. November 1938 (Pogromnacht: Zerstörung der Synagogen in Deutschland) beziehen.

Unterrichtsgespräch:
Beim gemeinsamen Lesen der Arbeitsseite werden die enthaltenen Informationen besprochen.

Bastelanleitung:
Die Anleitung ist nicht im Maßstab 1 : 1 abgebildet, sondern soll nur die Vorstellung der Sch. beim Basteln unterstützen! Die Sch. benötigen dünne Pappe (20 x 15 cm), Geodreieck und ein Stäbchen (Trinkhalm, Zahnstocher o. Ä.). Gestrichelte Linien werden geknickt, durchgezogene Linien werden geschnitten. Vor dem Zusammenkleben übertragen die Sch. die vier hebräischen Schriftzeichen (vgl. auch Arbeitsheftseite 38) und durchstechen den Mittelpunkt im 5. Quadrat für das Stäbchen. Anschließend verzieren sie frei die einzelnen Dreidelflächen. Erst dann wird der Dreidel zusammengeklebt.

Spiel:
Sch. bilden Spielgruppen nach Belieben. Sie vereinbaren Spielmarken oder Süßigkeiten, die L. zum Chanukkafest mitgebracht hat.

Fächerverbindende Bezüge: D/KU/MU/HS

S. 49 „Ein muslimischer Gebetsteppich"

Ziel der beiden Arbeitsseiten zum Islam ist es, den Islam nicht als eine exotische, den Sch. in seiner Fremdheit gar lächerlich anmutende Religion darzustellen, sondern den Kindern Wege der Hochachtung vor fremden Religionen zu bahnen, zumal der Islam weltweit stark verbreitet ist.
Mohammed wurde um 570 n.Chr. in Mekka als Kind einer verarmten Familie eines einflussreichen Clans geboren. Bereits mit sechs Jahren wurde er Vollwaise und musste früh für seinen Lebensunterhalt aufkommen. In der verantwortlichen Position eines Kamelführers kam er auf seinen Reisen mit den Kulturen anderer Völker in Berührung. So lernte er auch die beiden im arabischen Raum verbreiteten monotheistischen (an nur einen Gott glaubenden) Religionen des Judentums und des Christentums kennen. Als ihm mit etwa vierzig Jahren der Legende nach der Erzengel Gabriel die Offenbarung überbrachte, sah Mohammed sich als den von Allah bevollmächtigten einzigen Mittler zwischen Gott und den Menschen an und schrieb bis zu seinem Tod im Jahre 632 n.Chr. in vielen kleinen Texten den Koran nieder, in dem sich viele jüdische und christliche Überlieferungen wiederfinden. Der Koran gilt den Muslimen als heilig und unfehlbar. Er ist in 114 sog. Suren, ihrer Länge nach geordnet, aufgeteilt.
Durch das islamische Bilderverbot hat sich in der islamischen Kultur eine reiche Zeichen- und Formensprache entwickelt; oft findet man ornamentale Verzierungen, in dem nur dem Kundigen lesbare heilige Texte eingearbeitet sind. Dies trifft besonders häufig auf die Schahada (Glaubensbekenntnis) zu, von der eine von vielen möglichen grafischen Formen auf der Arbeitsseite abgebildet ist. Dieses Glaubensbekenntnis bildet den Beginn eines jeden der täglichen fünf Gebete eines frommen Moslems und ist eine der sog. „fünf Säulen" des Islam.
Das Thema „Gebet" wird dann in der Abbildung eines Gebetsteppichs variiert: Indem die Sch. malend die Symmetrie des Teppichmusters nachvollziehen, können sie selbst ein Stück weit in die meditative Ruhe eines Gebets geraten. Zudem steht der Gebetsteppich für eine weitere wichtige Überzeugung des Islam, die ihn wiederum mit Judentum und Christentum verbindet (vgl. S. 33 und 34): Allah ist überall dort, wo er mit der Schahada angebetet wird.
Mekka ist die heiligste Stadt des Islam. Nach ihr sind Gebetsteppiche ausgerichtet. Die Pilgerfahrt nach Mekka, die jeder Muslim, jede Muslimin einmal im Leben vollziehen will, gehört auch zu den fünf Säulen des Islam.

Einstieg:
Falls islamische Schüler in der Klasse sind, sollte man sie oder ihre Eltern um einen kurzen Bericht bitten. – Foto eines betenden Moslems – arabische Schriftzeichen der Schahada auf Folie an die Wand projiziert. Gespräch über Muslime, muslimische Bekannte, arabische Schriftzeichen (von rechts nach links, wie im Hebräischen)
L.information: Allah – Mohammed – Koran – Mekka (s. o.)

Erarbeitung:
– Gemeinsames Lesen der oberen Hälfte der Arbeitsseite. Sch. versuchen, die Kalligrafie nachzufahren, abzukopieren oder selbstständig neu zu malen.

- Die Arbeitsaufgabe in der unteren Hälfte ist eine doppelte: Die Sch. müssen die Stirnseite des Teppichs anhand der Stellung der Schahada erkennen und dies durch Einzeichnen der fehlenden Fransen kenntlich machen.
- Anschließend versuchen sie, durch verschiedene Farben so viel Symmetrie wie möglich im Teppichmuster deutlich zu machen. Dabei sollten die Sch. zu einer meditativen Stille angehalten werden, die z. B. durch ruhige (arabische) Musik unterstützt werden kann.
- Abschluss: Ein Mohammedaner könnte auf Arabisch die Schahada aufsagen – ausgemalte Teppiche werden gezeigt und ausgestellt.

S. 50 „Eine islamische Weisheits-Geschichte"

Ein besonders im Iran, in der Türkei und in Indien verbreiteter Zweig des Islam ist der im Mittelalter entstandene Sufismus, eine mystische Richtung des Islam, in der durch Versenkung oder Ekstase ein unmittelbarer Zugang zum Göttlichen gesucht wird. Beispiele dieser Richtung sind die Derwisch-Orden in der Türkei oder der persische Dichter Hafis, von dem Goethe sich bereits zum west-östlichen Divan inspirieren ließ.
Ein Mann lässt einen gefangenen Vogel frei, weil er sich drei Ratschläge (nicht wie im Märchen Wünsche!) erhofft. Der erste Ratschlag betrifft die Gelassenheit des Menschen, der zweite seine Kritik- und Selbstkritikfähigkeit, der dritte Rat kann nur aus der Nichtbeachtung durch den Mann gefolgert werden: Die Umsetzung des Wissens in die Tat. Tatsächlich grämt sich der Mann über den Verlust und verstößt so gegen den ersten Rat. Indem er dann noch dem Vogel dessen Mär über die Edelsteine glaubt, befolgt er auch den zweiten Rat nicht.
Ziel der Arbeitsseite ist es, die Sch. mit einer Seite des Islam bekannt zu machen, die praktische Vernunft im Geiste des Islam auch für den Nicht-Moslem verständlich macht.

Einstieg:
- Bild von Mann und Vogel auf Folie und an Wand projiziert. Sch. erraten kulturellen Kontext des Bildes. Offene Frage: In welcher Beziehung stehen Mann und Vogel zueinander? So kann bei den Sch. eine Erwartungshaltung aufgebaut werden.
- Problematisierung: Die Geschichte wird bis zum Ende des klein gedruckten Textes vom L. vorgetragen oder gemeinsam gelesen.

Erarbeitung:
- Ratschläge des Vogels erarbeiten und an Tafel so notieren, dass später die konkrete Nichtbeachtung durch den Mann parallel dazugeschrieben werden kann.
- Rollenspiel: Wenn beide Ratschläge von allen Sch. verstanden worden sind, sollte man das Gespräch ein- bis zweimal von je zwei Sch. vorspielen lassen.
- Partnerarbeit: Sch. füllen die fehlenden Teilsätze aus.
- Kontrolle und Festigung: Sätze werden verglichen und erneut im Rollenspiel umgesetzt.

Vertiefung:
Im Unterrichtsgespräch können die Ratschläge des Vogels durch Erfahrungen der Sch. konkretisiert werden.

Fächerverbindende Bezüge: D

S. 51 „Jerusalem – Stadt dreier Weltreligionen"

Als Zusammenfassung und sichtbare Dokumentation der engen Verbindungen dreier monotheistischer Weltreligionen, wie sie die Sch. auf den vorigen Seiten kennen gelernt haben, steht die Arbeitsseite über Jerusalem. Jerusalem ist die heilige Stadt
1. der Juden, weil hier die Klagemauer als Überrest der äußeren Umfassungsmauer des herodianischen Tempels steht, der 70 n.Chr. von den Römern zerstört wurde und die Zerstreuung der Juden über die ganze Welt einleitete. Hier spricht der fromme Jude seine Gebete und steckt Gebetszettel mit Bitten an Jahwe in die Mauerritzen;
2. der Christen, weil Jesus in Jerusalem starb, begraben und nach christlichem Glauben wieder lebendig wurde. Die Grabeskirche ist kein historisch bezeugter, sondern ein von den christlichen Kirchen errichteter symbolischer Ort, an dem die verschiedenen christlichen Konfessionen mit unterschiedlichen Riten Jesus als Gottes Sohn verehren;
3. der Muslime, weil der Felsendom nach der Kaaba in Mekka und Medina als das drittwichtigste Heiligtum des Islams gilt. Im Innern des Felsendomes, der an der Stelle des alten jüdischen Tempels steht, ragt ein Fels aus dem Boden, auf dem angeblich Ismail von seinem Vater Ibrahim (= Abraham) auf göttliches Geheiß hin geopfert werden sollte, dann aber durch einen Engel davon abgehalten wurde und stattdessen ein Tier opferte. Eine weitere Tradition besagt, dass von diesem Felsen aus Mohammed in den Himmel entrückt wurde. Am Ende der Zeit werde sich hier die ganze Menschheit versammeln.

Einstieg:
Betrachten des Bildes – drei große Gebäude.
L.erzählung: über Klagemauer, Grabeskirche und Felsendom und ihre geographische Nähe – Jerusalem als Utopie des Zusammmenlebens von Menschen und ihrer verschiedenen Religionen – Jerusalem als Realität des Streits und des Krieges.

Erarbeitung:
Inhaltliche Gemeinsamkeiten von Juden, Christen und Muslimen:
- Monotheismus
- heilige Schriften

- Stifterpersönlichkeiten
- Endzeitvorstellungen von Jerusalem als ewiger Versammlungsort
- Abraham als gemeinsamer Stammvater

Festigung und Kontrolle:
Sch. tragen in die Schriftkästchen zu den großen Gebäuden jüdisch – christlich – islamisch ein.

Fächerverbindende Bezüge: KU

S. 52 „Der Ring des Volkes"

Wurden die Sch. bisher mit drei monotheistischen Weltreligionen bekannt gemacht, so weitet diese Arbeitsseite den Blick auf eine Naturreligion. Das Interesse der Sch. an Indianern aufgreifend, ist als Beispiel die Religion der Ogallala-Sioux ausgewählt worden. In einer Kindern verständlichen Bildersprache wird in der Erzählung des Sioux-Sehers exemplarisch vorgeführt, wie eine kosmische Vorstellung gleichsam naturrechtlich eine menschliche Gemeinschaft und ihre Regeln begründet.
Ziel der Arbeitsseite könnte es sein, diese Entsprechung von kosmischer und menschlicher Ordnung ansatzweise sichtbar zu machen. Ebenso lässt sich ein verantwortungsethischer Aspekt aus ökologischer Sicht nachvollziehbar machen.

Einstieg:
Vorwissen der Sch. über Indianer – L.erzählung über Sioux und andere Prärie-Indianer – Karte Nordamerikas mit mittlerem Westen – Klärung der Funktion des Sehers.

Erarbeitung:
In Partner- oder Gruppenarbeit lesen die Sch. den Text und gestalten den Ring des Volkes:
- Eintrag der Ost-West – Grenze zwischen Himmel und Erde
- Eintrag der Süd-West und der Süd-Ost-Grenze zwischen Land und Wasser
- Was gibt es und wer lebt in den verschiedenen Gebieten? (Sonne, ..., Schilfrohr, ..., Büffel, ...).

Vertiefung:
Später kann mit den Kindern geklärt werden, welche Aspekte der indianischen Weltsicht unserer Kultur fremd sind; die Kinder nennen Beispiele und begründen dabei die Fremdheit.
In einem zweiten Schritt kann man den Sch. das Angebot machen, ein Stückchen weit das Fremde verstehen zu lernen:
Jedes Kind überlegt, mit welchem Teil der Welt es sich am meisten verwandt fühlt. Dieses „wegatsche" gestaltet das Kind sorgfältig auf einem Blatt Papier. Evtl. kann es sein „wegatsche" auch real vorzeigen oder mitbringen. Anschließend geben sich alle Sch. einen ihrem „wegatsche" entsprechenden indianischen Namen. In einem (z. B. mit Kreide aufgemalten) großen Kreis ordnen sich alle Sch. gemeinsam zu einem großen Ring des Volkes und begründen,
- warum sie sich diesen und dieses Teil der Welt ausgesucht haben,
- warum gerade dieses für die ganze Welt wichtig ist,
- wie das entsprechende Kind eine besondere Verantwortung für diesen Teil übernehmen kann.

Materialien:
U. Wölfel, Fliegender Stern, Ravensburger Buchverlag, Ravensburg 1998.

Fächerverbindende Bezüge: D/HS/KU

Wir in der WELT

Klasse 3/4

Auf den folgenden Arbeitsheftseiten sollen die Sch. angeregt werden, über ihre natürliche Umwelt nachzudenken. Ein wichtiger Aspekt ist die Herausbildung von Ehrfurcht und Verantwortung gegenüber der Natur, wobei die Sch. Geheimnisse, Wunder und die Schönheit erkunden. Um dies zu verwirklichen entdecken sie mit Kopf, Herz und Hand die Natur.
Die Schule kann eine Kontaktaufnahme zur Mitwelt überzeugend und wirkungsvoll unterstützen, wenn sie selbst ökologisches Lernen zulässt und verantworteten Umgang mit der Natur zu leben bereit ist. Deshalb sollte sie häufig Gelegenheiten bieten, Erlebnisfähigkeit, Wertbewusstsein sowie Urteils- und Handlungsfähigkeit zu erwerben und zu entfalten. Der integrative Ansatz *Ethik und Unterricht im Schulgarten* ist mit diesen Arbeitsblättern gut zu verbinden.

Fühlen/Tasten
1. Fühlsäckchen werden mit verschiedenen Teilen des Baumes gefüllt. Das können sein: Nadeln, Blätter, Rinde, kleine Zweige, Zapfen, Früchte u. a. Die Kinder erfühlen den Inhalt und beschreiben ihn. Nach dem Fühlen von außen kann auch in die Säckchen hineingegriffen werden.
2. Zwei Fühlkartons mit jeweils dem gleichen Inhalt stehen bereit und die Kinder sollen immer die gleichen Gegenstände erfühlen, bestimmen und herauslegen.
3. Aus verschiedenen Materialien des Baumes wird ein Sinnesparcours für die Füße gebaut (immer in kleinen Quadraten hintereinander, mit Zapfen, Zweigen, Blättern, Nadeln u.s.w.). Die Kinder sollen mit verbundenen Augen darüber geführt werden und das Material, auf dem sie laufen, beschreiben und bestimmen.

Hören

1. Die Kinder legen sich unter einen Baum und schließen die Augen. Welche Geräusche macht der Baum? Was hört ihr? Dabei kann man auch Stillegeschichten oder Fantasiereisen erzählen.
2. Die Kinder bekommen die Aufgabe, Materialien vom Baum zu sammeln, die Geräusche hervorrufen. Wie zum Beispiel:
- Äste zerbrechen;
- Äste aneinanderreiben;
- Äste und Zweige aneinanderschlagen;
- Früchte fallenlassen;
- Blätter reiben;
- Laub rascheln;
- an den Baumstamm schlagen.

Dazu kann man ein Spiel durchführen, ähnlich dem „Ich packe meinen Koffer": Ein Kind macht ein Geräusch. Das nächste Kind wiederholt das Geräusch und fügt noch eins hinzu usw. (Vgl. Blaum, 1995, S. 27)
3. Die Kinder können ein Waldxylophon mit verschieden langen und verschieden dicken Aststücken bauen. Dann können sie die Äste in beliebiger Reihenfolge anschlagen und Töne erzeugen. Erweiterung: Die Äste können aufgehängt und angeschlagen werden. (Vgl. Blaum, 1995, S. 28)
4. Spiel: Schatzräuber. Ein Kind ist „Schatzhüter" am Baum mit verbundenen Augen. Die Räuber schleichen sich (evtl. barfuß) aus verschiedenen Richtungen an den Baum heran. Wenn der Hüter ein Geräusch hört, zeigt er in die Richtung. Der Verursacher muss zum Ausgangspunkt zurück. Wer den Baum berührt, ohne bemerkt zu werden, kann Schatzhüter sein. (Vgl. Jenchen, 1995, S. 67)

Sehen

1. Mit Baumquerschnitten und dessen Jahresringen kann man das Alter und die Geschichte des Baumes bestimmen. Es ist wichtig, über die Bedeutung dicker und dünner Jahresringe zu sprechen. Man kann mit Nadeln das eigene Alter oder das der Eltern auf dem Querschnitt feststecken. Daran kann sehr schön verdeutlicht werden, wie lange der Baum zum Wachsen braucht. (Vgl. Clauss, 1994, S. 49)
2. Mit Hilfe eines Stockes können die Kinder lernen, die ungefähre Höhe eines Baumes zu bestimmen. Die Kinder sollen sich einen Baum aussuchen und einen geraden Stock suchen, der bei ausgestrecktem Arm vom Auge bis zu den Fingerspitzen reicht. Danach nehmen die Kinder den Stock senkrecht in die Hand und gehen so lange rückwärts, bis die Stockspitze mit der Baumspitze und das Stockende mit dem Baumende übereinstimmen. Die Entfernung Kind – Baum entspricht der ungefähren Baumhöhe. (Vgl. Blaum, 1995, S. 35)

Schmecken

1. Die Kinder sollen mit verbundenen Augen einige Obstsorten, die auf Bäumen wachsen, verkosten und erraten. Wichtig ist dabei, die Kinder den Geschmack beschreiben zu lassen. Wie hat es geschmeckt? Erweiterung: Die Kinder können auch Bucheckern und Esskastanien probieren oder Esskastanien selbst zubereiten.
2. Birkenblättertee kann von den Kindern selbst zubereitet werden. Man sammelt junge, noch klebrige Birkenblattknospen und brüht 2 Teelöffel davon in einer Tasse auf. Die Kinder können kosten und den Geschmack beschreiben.
3. Eichelkaffee kann auch zubereitet werden. Dafür müssen Eicheln gesammelt, geschält, getrocknet, zerkleinert und in einer Pfanne geröstet werden. In der Pfanne darf man die Eicheln nicht schwarz werden lassen, sonst schmecken sie bitter. Danach werden die gerösteten Eicheln in der Handmühle klein gemahlen, mit 2 Teelöffeln pro Tasse kurz aufgekocht und mit Zimt gewürzt. Dann können die Kinder kosten und den Geschmack beschreiben. (Vgl. Winkel, 1995, S. 142)

Riechen

1. Der Geruch der Bäume kann erfahren werden, indem man die Kinder verschiedenes Baummaterial (wie Rinde, Äste, Harz, Früchte oder Obst) sammeln, daran riechen und beschreiben lässt. Diese Sachen können auch in Riechsäckchen oder Riechdosen gegeben, verglichen und erraten werden. Bei einem Riechdomino müssen immer zwei gleiche Gerüche gefunden werden.

Literatur:

Blaum, L.: Vom Hören zum Lauschen. In: Praxisheft Sinn-Salabim. Impulse für einen sinn-vollen Unterricht. München: Domino Verlag, 1995.

Clauss, F.; u.a.: Tierfreund-Aktionsbuch Natur, Natur erleben – entdecken – spielen. Augsburg: Naturbuchverlag, 1994.

Cornell, J.: Mit Kindern die Natur erleben. Mühlheim an der Ruhr: Verlag an der Ruhr, 1991.

Jenchen, H. J.: Natur erleben mit allen Sinnen. In: Praxisheft Sinn-Salabim. Impulse für einen sinn-vollen Unterricht. München: Domino Verlag, 1995.

Winkel, G.: Umwelt und Bildung. Seelze: Kallmeyer'sche Verlagsbuchhandlung, 1995.

S. 53 „Von Spinnen und Menschen"

Unsere Natur ist voller Wunder und Geheimnisse. Am Beispiel eines außergewöhnlichen Tieres können Kinder dies gut mitempfinden. Seit jeher sind die Menschen fasziniert von der Spinne, auch ihr kunstvoll gefertigtes Netz erregt unsere Bewunderung. Nicht selten begegnen wir ihr auch mit negativen Gefühlen. Diese Vieldeutigkeit kann durch die Arbeitsheftseite bewusst werden. Die Sch. sollen erkennen, dass die Spinne ein Wunder der Natur ist und unseres Schutzes bedarf.

Einstieg:

Spiel „Spinnennetz": Die Sch. sitzen im Stuhlkreis. L. hält das Ende eines Wollknäuls fest und wirft es quer durch den Kreis zu einem Kind. Dieses hält den Faden fest und gibt den Knäul an andere weiter. Es entsteht ein Netz. (Um die Undurchlässigkeit des Netzes zu prüfen, kann ein Luftballon auf das Netz gelegt und hochgeworfen werden.) Damit ist eine Verbindung zum Thema „Spinne" geschaffen.

Arbeit mit Arbeitsheftseite:
Die Sch. lesen den Text von Erwin Strittmatter auf der Arbeitsheftseite und suchen die verschiedenen Betrachtungsweisen heraus.
Zwei Reporter werden zur Meinungsumfrage in die Klasse geschickt. Sie sollen herausfinden, wie viele Kinder sich für Spinnen interessieren bzw. eher vor ihnen Angst oder Ekel empfinden. Das Ergebnis wird von den Reportern an der Tafel vorgestellt. Im Anschluss begründen die Sch. ihre individuelle Entscheidung in der Tabelle auf der Arbeitsheftseite. Beim Austausch der Gedanken über die zwei verschiedenen Meinungen kann dazu hingeführt werden, die Spinne als ein bewundernswertes Geschöpf der Natur zu verstehen.
Entweder plant L. einen gemeinsamen Gang in die Natur, um Spinnen zu beobachten und dann aufzumalen, oder er gibt diesen Auftrag als Hausaufgabe.

Sprachliche Umsetzung:
Die Sch. schreiben ein Spinnen-Elfchen. Durch ein gemeinsames Brain-storming können vorab Begriffe rund um die Spinne zusammengetragen und an die Tafel geschrieben werden.

Weiterführung:
- Bilder, Geschichten, Gedichte und Spruchweisheiten/Bauernregeln von Spinnen sammeln und vorstellen
- Verschriften und gestalten von Bauernregeln, z. B.:
  Spinne am Morgen – Gram und Sorgen,
  Spinne am Abend – Süß und labend.
  Wenn der Spinne ihr Netz zerreißt,
  so kommt schlechtes Wetter allermeist.
- Spinnennetz zeichnen lassen.

Fächerverbindende Bezüge: D/HS/KU

S. 54 „Gefunden"

Diese Seite soll die Sch. ermuntern, mit „offenen Augen" durch ihre natürliche Umwelt zu gehen und mit Fantasie Dinge aus der Natur zu suchen, die den vorgeschriebenen Eigenschaften zugeordnet werden können. Dabei soll die Vielfältigkeit der Natur erkannt und das eigenverantwortliche Handeln zum Schutz dieser angeregt werden.

Einstieg:
Die Arbeitsheftseite fängt mit der 1. Strophe des Gedichtes „Gefunden" von Johann Wolfgang von Goethe an.
Nach dem gemeinsamen Lesen der 1. Strophe fragt L., ob die Sch. das Gedicht kennen und was es weiter beinhaltet. L. oder ein Sch. trägt evtl. das vollständige Gedicht vor und die Sch. interpretieren es.

Unterrichtsgespräch:
Gemeinsam werden Inhalt und Aufgabenstellung der Arbeitsheftseite besprochen und nochmals darauf hingewiesen, dass die Sch. nur solche Dinge sammeln sollen, die sie ohne Beschädigung zurückbringen können.
Hinweis: Es kann auch mit einem Partner oder in kleineren Gruppen gesucht werden.

Unterrichtsgang:
Zu dieser Suchralley kann der Schulhof genutzt werden, es bietet sich auch an, in einen Park/Wald zu fahren oder diese Arbeitsheftseite im Rahmen eines Landheimaufenthaltes zu bearbeiten.
Zu beachten ist außerdem:
- eine bestimmte Zeit vorgeben oder mit einem Signal das Ende anzeigen
- ein genaues Gebiet abgrenzen, wenn im Wald gesucht wird
- die Arbeitsheftseite und einen Beutel mitnehmen.

Auswertung:
1. Möglichkeit:
Die Sch. stellen einzeln, mit einem Partner oder in der Gruppe das Mitgebrachte vor und ordnen es zu. Anschließend suchen sie sich ein besonders interessantes Stück aus, kleben es auf die Arbeitsheftseite und begründen erst in schriftlicher und dann in mündlicher Form ihre Wahl.

2. Möglichkeit:
Ein langes Stück von einer Tapetenrolle wird auf dem Fußboden ausgebreitet, in 11 Abschnitte eingeteilt und dann mit dem zu Suchendem beschriftet. Die Sch. ordnen nach ihrer Rückkehr die gefundenen Dinge den verschiedenen Feldern zu, ihren angedachten Eigenschaften. Gemeinsam wird jetzt unter folgenden Gesichtspunkten resümiert:
- Gefühle beim Sammeln
- Was ist euch beim Sammeln aufgefallen?
- Was fällt euch jetzt auf, wenn die Dinge geordnet sind?
- Seht ihr etwas Besonderes?
- Vorstellen der Stücke, die im Abschnitt Nr. 10 liegen
- Vorstellen interessanter Stücke, die aufgeklebt werden sollen.

Im Anschluss kleben die Sch. ihr interessantestes Fundstück auf und begründen in schriftlicher Form ihre Wahl.
Hinweis:
Auf Grund der Sammelergebnisse fällt es L. leicht, auf Umweltverschmutzung und Schutz der Natur einzugehen.

Weiterführung:
- In einem Gespräch können folgende philosophische Fragen aufgeworfen werden: Braucht der Mensch die Natur? Braucht die Natur den Menschen? Fühlen sich Tiere und Pflanzen bei uns wohl? Können Pflanzen glücklich sein? Können sich Tiere freuen? Interessierte Sch. können dazu eine Geschichte schreiben oder Bilder malen.

Fächerverbindende Bezüge: D/HS/KU

S. 55 Baum-Geheimnisse

Die Bäume, wesentlicher Bestandteil unserer Pflanzenwelt, verdienen besondere Beachtung. Ihr Wachstum ist sehr langsam und die Vielfalt der Arten bieten einen ästhetischen Reiz. Täglich sehen wir Bäume, aber über ihre Bedeutung denken wir meist nicht nach. Diese Arbeitsheftseite soll über das Entdecken des Geheimnisvollen das Nachdenken über die Bedeutung der pflanzlichen Umwelt anregen und eigenverantwortliches Handeln entwickeln helfen.

Einstieg:
Der Textausschnitt auf dieser Arbeitsheftseite „Mein Baum spricht ..." wird groß an die Tafel geschrieben (in die Form eines Baumes), die Sch. werden gefragt: Wann spricht ein Baum flüsternd, zischelnd, ...? Diese Frage beantworten die Sch. in kleinen Gruppen. Sie nehmen sich ein DIN-A 4-Blatt, falten es einmal waagerecht und einmal senkrecht in der Mitte, sie wählen sich vier Eigenschaften des Baumes von der Tafel aus und schreiben sie in die entstandenen Felder. Dann beraten sie gemeinsam und fixieren ihre Antworten schriftlich. Die Sch. können ihre Gedanken auch auf ausgeschnittene grüne Blätter aus Tonpapier schreiben und diese dann an den Baum heften. Im Anschluss stellen die Sch.gruppen ihre Gedanken vor.
Danach wird auf den Schlusssatz „... denn mein Baum hat viele Geheimnisse" eingegangen, um in inhaltlich zu bedenken.

Unterrichtsgespräch:
Gemeinsam werden mit den Sch. Inhalt und Aufgabenstellung der Arbeitsheftseite besprochen und auftretende Fragen geklärt.
Hinweis:
1. Der Rindenabdruck gelingt gut, wenn die Sch. dünnes Papier und Holzkohle verwenden. Wenn die Technik unbekannt ist, muss sie vorher erläutert werden. Man legt das Blatt an den Baumstamm und fährt mit der Längsseite des Holzkohlestiftes darüber, bis sich die Rinde deutlich abzeichnet.
2. In den einführenden Übungen und Spielen zu diesem Kapitel ist in einem Punkt aufgeführt, wie das Alter eines Baumes ungefähr bestimmt werden kann.

Unterrichtsgang:
Bei diesem Unterrichtsgang gelten die gleichen Hinweise wie bei der vorhergehenden Arbeitsheftseite.

Auswertung:
Die Sch. stellen ihre entstandenen Arbeitsblätter in einem Gesprächskreis vor. Danach werden sie im Klassenzimmer ausgestellt.

Abschluss:
Um der Zielstellung gerecht zu werden, bietet sich eine Zusammenfassung folgender Art an:
– Welche Bedeutung hat der Baum für uns Menschen?
– Wie schützt du die Bäume?

In einer Baumgeschichte sollen die Sch. ihre gewonnenen Erkenntnisse verarbeiten und ihr eigenen fantasievollen Gedanken von der Arbeitsheftseite integrieren.

Weiterführung:
- Aus dem Text „Mein Baum" von Sophie Brandes können Passagen bildlich umgesetzt werden (Gesamttext in: Karin Jäckel, Glücks-Geschichten, Bitter Verlag, Recklinghausen 1994; auch in: Mücki und Max, Universum Verlagsanstalt, Wiesbaden, Heft 5/1997, S. 4 f).
- Angebote zur künstlerischen Gestaltung eines Baumes.
- Dilemmageschichte mit den Sch. besprechen, als Anregung zum philosophischen Erzählen und zur selbstständigen Meinungsbildung.
  Ein Kind sagt: „Ich würde keine Bäume mehr an die Straße pflanzen. Die armen Bäume stehen nur in den Abgasen der Autos."

Fächerverbindende Bezüge: D/HS/KU/MU/Werken

S. 56 „Ameisen krabbeln"

S. 57 „Gerhard"

Die Begegnung mit der Natur geschieht auf vielfältige Art und Weise. Alle Kinder haben schon erlebt, wie die Natur ihnen Einblicke in ihre Geheimnisse gewährt hat. Sie sehen Schmetterlinge schlüpfen, Knospen aufbrechen und Blätter fallen. Auch das Beobachten von Ameisen erlaubt ein unmittelbares Erleben von Natur und kann das Verständnis für unsere Tierwelt vertiefen.
Die Erlebnisfähigkeit der Kinder ist unterschiedlich ausgeprägt, dies soll durch den Text „Gerhard" u. a. zum Ausdruck kommen. Eine Verbindung mit den Themen „Behinderung" und „Nachbarn" ist denkbar.

Vorbereitende Hausaufgabe:
Sammeln von Bildern, Geschichten, Gedichten und Wissenswertem über die Ameise. Sammeln von Naturmaterial, um Ameisenkrabbeln zu verklanglichen.

Einstieg:
Die Sch. stellen die gesammelten Materialien vor und bekommen Gelegenheit, eigene Erlebnisse zu berichten.

Arbeit mit der Doppelseite:
L. erläutert den Sch. die Aufgabenstellung. Nach der kreativen Bearbeitung – Weiterschreiben der Zeilen und bildliche Umsetzung der „Krabbelorte" – können Ameisen gebastelt werden.
Material: Sonnenblumenkerne, Vogelfutter oder selbsthärtende Knete für den Körper, schwarzer Zwirnsfaden und Nadeln.
3 Kerne hintereinander auffädeln und mit 3 ca. 3 cm langen Fäden die Beine durch den 2. Körper ziehen.

Die Sch. stellen ihre gebastelten Ameisen zu einem Ameisenstaat zusammen.

Unterrichtsgespräch:
Im Gespräch werden Gedanken der Sch. gesammelt, die die faszinierenden Besonderheiten der Ameisen hervorheben.

Einzelarbeit:
Sch. lesen sich den Text auf der Arbeitsheftseite „Gerhard" durch, erfüllen jeweils die erste Aufgabenstellung und stellen sie der Klasse vor.

Partnerarbeit:
Zur zweiten Frage können sich die Sch. austauschen und gemeinsam eine Vorstellung entwickeln, warum es unterschiedliche Reaktionen auf die Naturbeobachtungen gibt. Sie erzählen sich ihre eigenen Erfahrungen und schreiben im Anschluss ihre Gedanken auf. Dann suchen sie sich eine andere Partnergruppe und stellen sich ihre Ergebnisse gegenseitig vor.

Weiterführung:
- Verklanglichung der Ameisengeräusche mit Naturmaterialien, besonders geeignet sind Stöcke, Nusshälften, Samen und Blätter. (Material aus der Suchralley kann verwendet werden.)
- Kulissen und Aufbauten zum Ameisenstaat können von den Sch. gebastelt, erfundene Geschichten spielerisch umgesetzt oder eine Ausstellung gestaltet werden.
- Beobachtungsgang in die Natur, um Ameisen zu erleben, Naturbeobachtungen zu lernen.

Fächerverbindende Bezüge: D/HS/MU/KU/Werken

S. 58 „Kinderwelt"

Kinder haben die unterschiedlichsten Sammelleidenschaften. Mit Eifer sammeln sie schöne Steine, Federn, Zeitschriften, Sticker, Figuren, Stifte, Bilder etc.

Vorbereitung:
Zum Unterricht bringen die Sch. einige ihrer Sammelstücke mit, zeigen sie aber möglichst noch nicht den anderen Kindern.

Einstieg/Gesprächsrunde:
Sch. sitzen im Stuhlkreis. In der Mitte liegen auf einem Tuch verschiedene Steine. Gemeinsam lesen die Sch. die Geschichte „Das Geheimnis", ein Kind liest vor.
- Sammelt jemand von uns Steine?
- Kannst du/könnt ihr uns etwas über (deine/eure) Steine erzählen?
  Wo habt ihr sie gefunden? Seit wann sammelt ihr Steine?

Nun sollen auch die Sch., die andere Sammelleidenschaften haben, ihre Stücke zeigen, darüber erzählen und diese auf vorbereitete Tische oder in den Kreis legen.

Einzelarbeit:
Jedes mitgebrachte Sammelstück hat für die Kinder besonderen Wert. Sie haben es vielleicht unter ganz bestimmten Umständen erworben oder es birgt ein Geheimnis. Jedes Sammelstück kann also eine kleine Geschichte erzählen. Diese kleine Geschichte können die Sch. aufschreiben, vorlesen oder erzählen.

Fotos anfertigen:
Die Sch. können dabei das für sie interessanteste Sammelstück auswählen und dann fotografieren oder in Fotogröße 9 × 13 zeichnen.
In der kommenden Stunde erfolgt eine Auswertung der Fotografien oder Zeichnungen.
- Warum hast du dir dieses Sammelstück ausgewählt? Was gefällt dir daran?

Fächerverbindende Bezüge: D/HS

S. 59 „Hingeschaut und entdeckt"

Die Kinder erkennen vielfältige Formen in der Natur und verbinden sie mit kindlicher Fantasie. Dadurch gelingt es ihnen, Gestalten zu entdecken, die ihrer individuellen Kreativität entspringen.
Diese Arbeitsheftseite fördert durch die bildlich umgesetzte Geschichte das Entdecken solcher Figuren, das fantasievolle Betrachten und bietet ängstlichen Kindern eine Erklärungsmöglichkeit für bedrohliche Schattenspiele. Mit Lust und Freude können die Kinder Baumfiguren erkennen und selbst Geschichten erzählen. Es bietet sich an, diese Arbeitsheftseite im Winter, wo die blätterlosen Äste zur vollen Geltung kommen, zu erschließen und mit einem Unterrichtsgang zu verbinden.

Einstieg 1:
Die Sch. lesen die Geschichte der Arbeitsheftseite, suchen die dazu gehörenden Baumfiguren und gestalten diese farbig.

Einstieg 2:
Ein Ausschnitt aus dem Film „Pocahontas" von Walt Disney: Die Szene mit der alten Weide kann genutzt werden, um die Sch. auf Baumgesichter bzw. -figuren hinzuweisen. Anschließend wird das Arbeitsblatt vorgestellt.

Unterrichtsgespräch:
In einem Gespräch haben die Sch. die Möglichkeit, weitere Geschichten oder Rätsel in dem Baum zu erkennen und eigene Erlebnisse zu berichten.

Beobachtungsgang in die Natur:
Um die Aufgaben erfüllen zu können, benötigen die Sch. ein Klemmbrett oder eine feste Unterlage, die Arbeitsheftseite, Papier und Stifte sowie den Hinweis, sich einen Baum auszusuchen, der ihnen gefällt und sie anzieht.

Den Sch. muss genügend Zeit gegeben werden, um sich in einer entspannten Atmosphäre mit den Aufgaben auseinanderzusetzen und im eigenen Entdecken unmittelbare Erfahrungen zu sammeln.

Auswertung und Ergebnissicherung:
Es ist unbedingt nötig, dass jeder Sch. die Gelegenheit erhält, sich zu seinen gesammelten Eindrücken und Naturerfahrungen zu äußern. Dieses Feedback kann in einem Gesprächskreis durchgeführt werden. Folgende Auswertungspunkte sind möglich:
- Wie hast du dich beim Entdecken des Baumes gefühlt?
- Zeigt und erzählt über eure entdeckten Baumgesichter oder -figuren.
- Erzähle, was dein Baum dir berichtet hat.
- Hast du etwas Rätselhaftes erfahren?

Weiterführung:
- Die Skizzen, die beim Unterrichtsgang entstanden sind, werden im Zeichenunterricht so umgesetzt, dass eine Ausstellung gestaltet werden kann.
- Der gewählte Baum kann in einem Rätsel beschrieben und anschließend von den Sch. gesucht werden.
- Schattenspiel mit Hilfe von Händen und Naturmaterial am Overhead-Projektor.

Fächerverbindende Bezüge: D/HS/KU

S. 60 „Abendruh"

Das Thema Geheimnisse der Natur lässt sich spielerisch mit Hilfe dieses Arbeitsblattes vorerst abschließen. Und zwar am Beispiel Tag und Nacht, Helligkeit und Dunkelheit.

Unterrichtsgespräch:
Sch. erhalten zunächst Gelegenheit, ihre Erfahrungen zum Thema darzustellen und dabei Gemeinsames und Unterschiedliches festzustellen.

Textvortrag und Chorsprechen:
L. trägt den lautmalenden Spruch zunächst sinngestaltend vor. Bei der stimmlichen Gestaltung kann bei entsprechender Regie ein von den dunklen Vokalen der Worte geprägter Sprechgesang entstehen. Verschiedene Arrangements sind denkbar, etwa im Kanon oder im Wechsel mit veränderter Lautstärke. Eine sparsame Untermalung mit Klangkörpern wäre möglich. Eine pantomimische Darstellung kann hinzukommen.

Weiterführung:
Umsetzung der letzten Aufgabe, Jahreszeitenbücher zu gestalten.

Fächerverbindende Bezüge: D/HS/KU/MU